MAX WAINEWRIGHT

PROGRAMMIEREN FÜR KIDS

20 SPIELE MIT SCRATCH™ 3.0

ULLMANN

Titel der Originalausgabe: *Code Your Own Games!: 20 Games to Create with Scratch*
ISBN der Originalausgabe: 978-1-4549-4313-6
Updated edition first published in 2020 by Quarto Publishing plc
an imprint of The Quarto Group
1 Triptych Place,
London, SE1 9SH, United Kingdom
Text © Max Wainewright
Designer: Dan Newman
Illustration © Mike Henson

Rolandsecker Weg 30, 53619 Rheinbreitbach
Übersetzung aus dem Englischen: Jürgen Dubau
Coveradaption: Beate Lennartz
Satz: Noch & Noch, Datteln

Gesamtherstellung: Ullmann Medien GmbH, Rheinbreitbach

Printed in China

ISBN 978-3-7415-2577-3
10 9 8 7 6 5

www.ullmannmedien.com

Scratch wurde von der Lifelong Kindergarten Group am MIT Media Lab entwickelt.
Siehe: **https://scratch.mit.edu**

Informationen über Ressourcen

Du kannst Scratch auf einem Mac oder PC nutzen, wenn du in deinem Browser diese Adresse eingibst: **https://scratch.mit.edu**
Klicke auf **„Beginne mit dem Erstellen"**.

Eine sehr ähnliche Website heißt „Snap" und funktioniert auch auf iPads. Falls die Nutzeroberfläche auf Englisch erscheint, wähle über das Zahnradsymbol die Sprache Deutsch.
Snap findest du hier: **https://snap.berkeley.edu/run**

Wenn du Scratch offline nutzen willst, lade es hier herunter (die Website ist auf Englisch, Scratch selbst kannst du in den Einstellungen auf Deutsch umstellen):
https://scratch.mit.edu/download

Internetsicherheit

Kinder sollten nur begleitet ins Internet gehen, vor allem wenn es um die erste Nutzung einer unbekannten Website geht.
Verlag und Autor übernehmen keine Verantwortung für die Inhalte der in diesem Buch vorgestellten Websites.

INHALT

WANN IST EIN SPIEL TOLL?

In diesem Buch lernst du, wie du 20 coole Spiele mit Scratch programmierst. Du erfährst nicht nur, wie diese Spiele entstehen, sondern spielst sie auch selbst! Wenn du sie ausprobierst, lernst du gleichzeitig, deine *eigenen* Spiele zu erstellen. Aber zuerst: Was macht ein tolles Spiel aus?

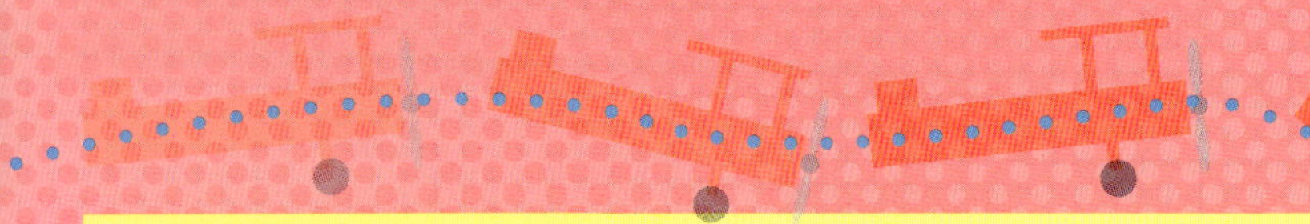

BEWEGUNG, TEMPO, HINDERNISSE

Ein gutes Spiel fordert deine Geschicklichkeit. Wie schnell fährst du mit dem Rennwagen? Wie hoch fliegt dein Hubschrauber?

In diesem Buch schreibst du Code, um die Bewegungen von Autos, Flugzeugen und Figuren mit Maus oder Tastatur zu steuern. Du lernst auch, Schleifen zu programmieren, damit Bewegungen wiederholt werden – und dein Rennwagen weiterfährt!

Bei Spielen muss man oft Hindernisse überwinden. Die Schlange darf z.B. keine Wand berühren. Für solche Spiele lernst du, Kollisionen zu programmieren.

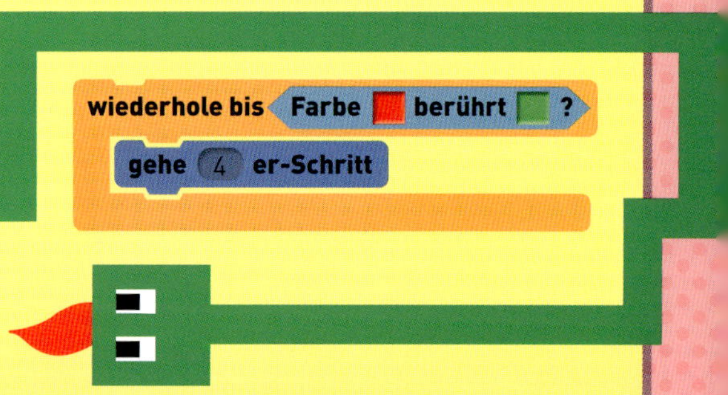

In den Level-5-Spielen geht es um komplexe Bewegungen, um z.B. Bälle oder Pinguine springen zu lassen.

PUNKTE

Ein Spiel macht Spaß, wenn du dabei immer mehr Punkte gewinnst! In Level 2 lernst du, mit Variablen einen Punktestand zu zählen. Mit Variablen speicherst du, wie viele Leben du noch hast oder wie schnell eine Pizza fliegt …

COOLE FIGUREN

Die Objekte oder Personen, die du auf dem Bildschirm steuerst, heißen Figuren. Das kann ein hungriger Hund oder eine rasende Rakete sein. Bei den besten Spielen sehen Figuren cool, lustig oder gruselig aus.

In diesem Buch lernst du, eigene Figuren zu malen. In Level 2 erstellst du auch Animationen, damit sich z.B. ein Propeller dreht oder eine Katze läuft.

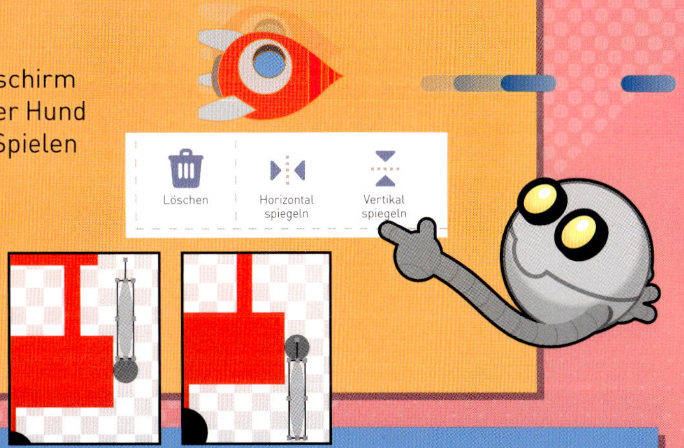

Wenn du für deine Spiele viele Figuren brauchst, erfährst du, wie das geht. In Level 4 lernst du, wie du deine Figuren klonen kannst.

KLANGEFFEKTE

Die besten Spiele sehen nicht nur super aus, sondern klingen auch spannend. Mit Musik und Klangeffekten (Trommelwirbel oder miauende Katzen) peppst du deine Spiele weiter auf.

VERSCHIEDENE LEVEL

Die Spiele dieses Buches sind in fünf Level aufgeteilt. Wie du es von Spielen kennst, ist die nächste Spielstufe schwerer und nutzt Dinge, die du bereits gelernt hast. Wenn du noch nie programmiert hast, beginne mit Level 1. Wenn du Level 5 erreichst, bist du schon Experte!

SCRATCH

Du kannst Spiele mit vielen Computersprachen und Programmen erstellen. In diesem Buch nutzen wir eine einfache, aber leistungsfähige Sprache namens Scratch. Sie ist kostenlos und leicht zu lernen.

SCRATCH FINDEN

Öffne deinen Browser und klicke in die Adresszeile. Tippe **scratch.mit.edu** ein und drücke auf **Eingabe**. Klicke auf **Beginne mit dem Erstellen**.

SCRATCH STARTEN

Zum Programmieren musst du deinem Computer sagen, was er genau machen soll. Dann weiß der Computer, welche Aufgaben er ausführen soll. Ein Programm ist eine Gruppe solcher Befehle. Bei Scratch werden die Befehle als „Codeblöcke" gezeigt." Du baust ein Spiel, indem du die Blöcke miteinander kombinierst.

Dein Scratch-Bildschirm sieht etwa so aus:

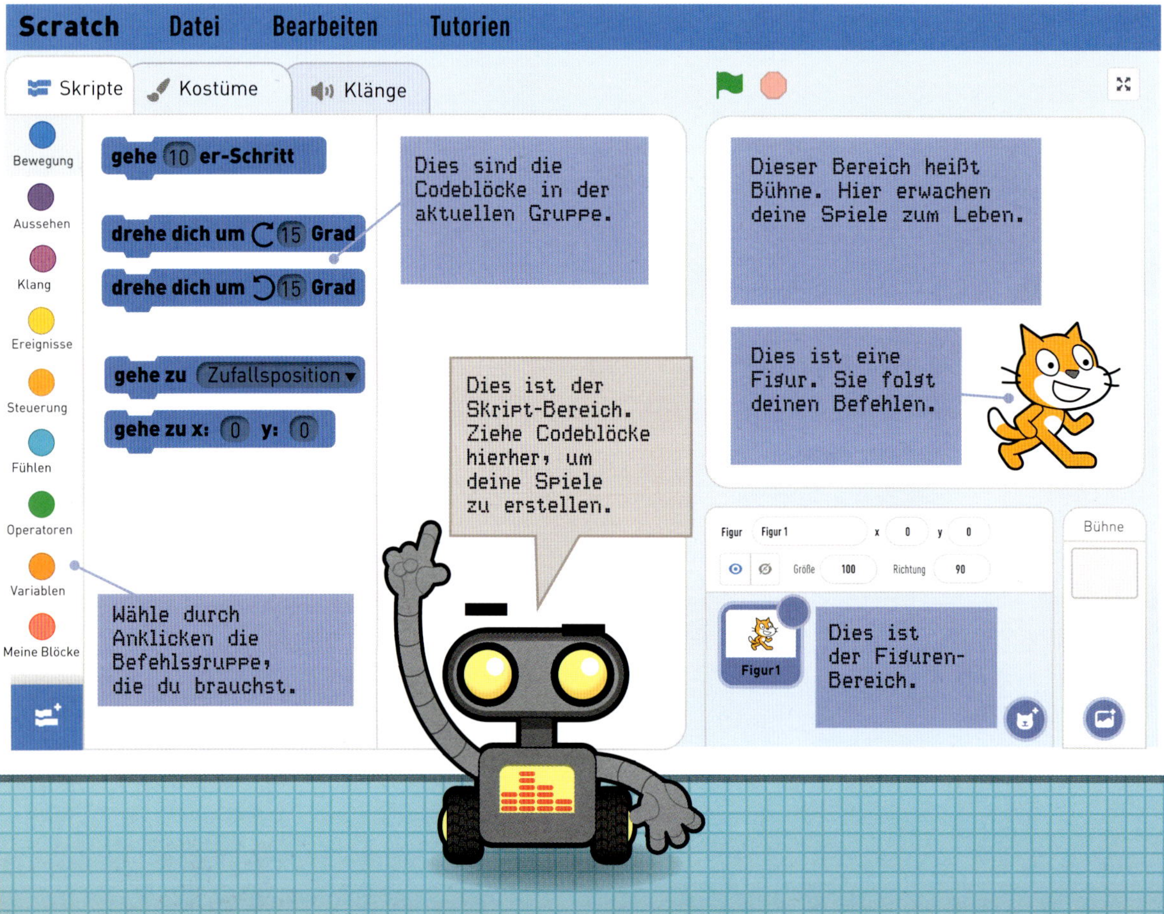

Durch Klick auf einen Block wird der Code auf die Figur angewendet. Sie geht vorwärts ...

```
gehe (10) er-Schritt
```

... oder dreht sich um 15 Grad.

```
drehe dich um ↻ (15) Grad
drehe dich um ↺ (15) Grad
```

Klicke in die weißen Felder und tippe Zahlen ein. So änderst du, wie weit die Figur sich bewegt oder dreht.

```
gehe (50) er-Schritt
```

Nun ziehe Codeblöcke in den Skript-Bereich und stecke sie zusammen.

```
gehe (2)   gehe (2)   gehe (20) er-Schritt
```

Du kannst Codeblöcke teilen, aber wenn du sie wieder trennen willst, musst du mit dem untersten Block anfangen.

Zum Entfernen ziehst du einen Codeblock aus dem Skript-Bereich hinaus.

```
gehe (20) er-Schritt
drehe dich um ↻ (15) Grad
gehe (80) er-Schritt
drehe dich um ↺ (15) Grad
```

Für die Programme in diesem Buch benutzt du alle Codegruppen.

An der Farbe siehst du, in welcher Gruppe der Codeblock zu finden ist. Daran erkennst du auch, was der Codeblock macht.

```
wenn [grüne Flagge] angeklickt
wiederhole (10) mal
    gehe (10) er-Schritt
    drehe dich um ↻ (15) Grad
```

Diesen **grüne Flagge**-Codeblock findest du in der goldfarbenen **Ereignisse**-Gruppe.

Der **Wiederhole**-Codeblock ist orange und steht deshalb in der Gruppe **Steuerung**.

Die dunkelblauen Codeblöcke befinden sich alle in der Gruppe **Bewegung**.

DER FIGUREN-BEREICH

Im Figuren-Bereich siehst du alle im Projekt eingesetzten Figuren. Hier fügst du auch neue Figuren ein.

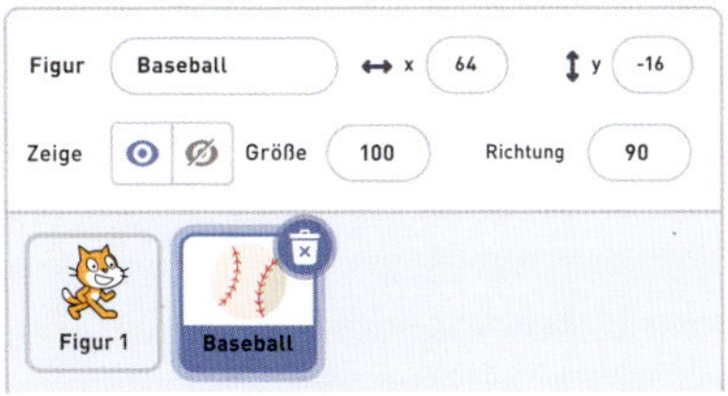

Daneben siehst du das Symbol für die die Bühne.
Auf der Bühne zeichnest du oder lädst Hintergründe für dein Spiel.

Die Bühne kann man nicht verschieben, aber du kannst hier Code für Figuren einfügen, z.B. Klangeffekte.

Mit dem **Figur wählen**-Button nimmst du eine neue Figur aus der Bibliothek. Du kannst aus vielen tollen Figuren wählen. Halte den Mauszeiger darüber und wähle den Pinsel, um die Figur zu gestalten.

Klicke auf die **Grüne Flagge**, wenn du das Programm ausführen willst.

Um es anzuhalten, klicke auf den roten **Stopp**-Button.

Mit diesem Button füllt das Spiel den Bildschirm aus.

Achte immer darauf, dass die richtige Figur oder die Bühne den Code bekommt!

FARBEN WÄHLEN

Es ist etwas knifflig, bei Scratch die richtige Farbe zu wählen. Du kannst den richtigen Farbton über drei verschiedene Schieberegler beeinflussen.

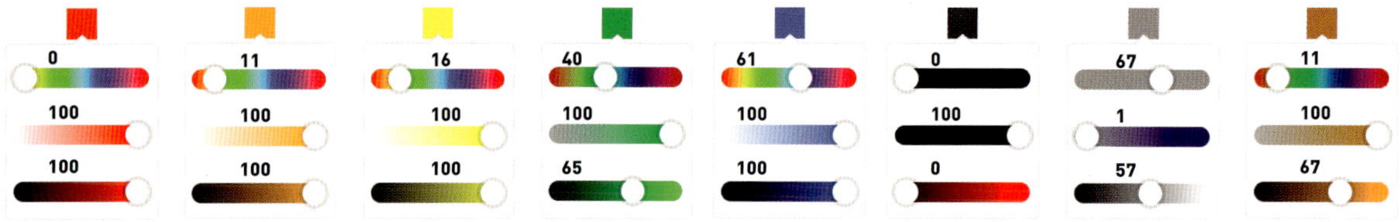

DIE ZEICHENFLÄCHE

Bei vielen Spielen in diesem Buch kannst du eigene Figuren und Grafiken einbauen. Probiere auch selbst eigene Ideen aus! Nun ein paar Tipps für die Zeichenfläche links am Bildschirmrand.

Um eine neue Figur zu malen, hältst du den Mauszeiger über den **Figur wählen**-Button. Klicke mit der Maus auf den Pinsel.

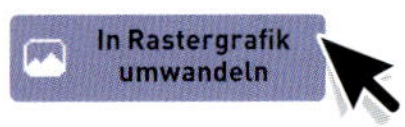

Klicke auf **In Rastergrafik umwandeln.**

Um auf dem Bühnenbild zu malen, klickst du rechts auf den **Bühnenbild**-Button.

Klicke auf den Reiter **Bühnenbild**.

Klicke auf **In Rastergrafik umwandeln.**

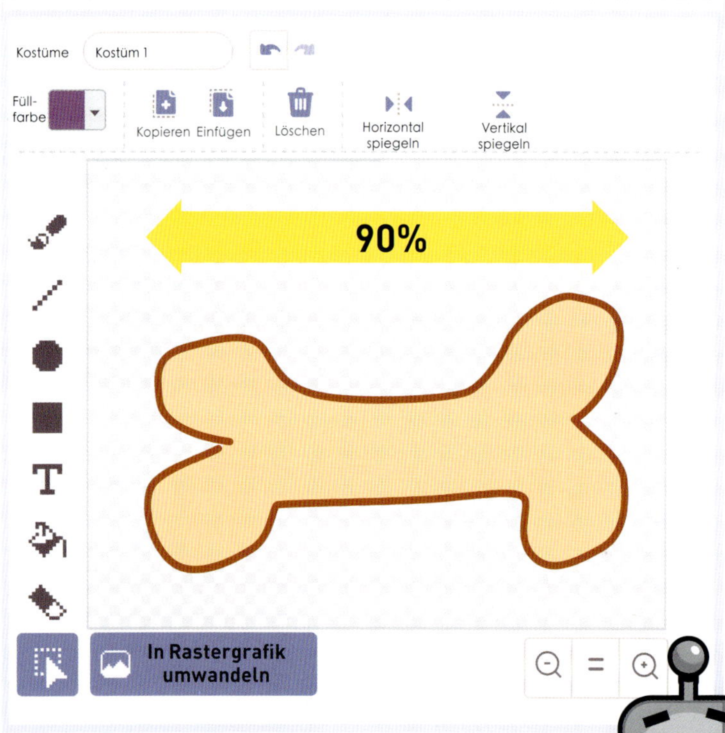

Größe der Figur

Spieldesigner zeichnen meist große Figuren, weil sie so besser Details einbauen können. Dann verkleinern sie die Figur mit dem **Setze Größe**-Codeblock aus der Gruppe **Aussehen**. So gehen wir hier auch vor.

Damit die Spiele korrekt funktionieren, musst du die Figuren so groß wie in den Anweisungen machen und in der Mitte der Zeichenfläche zeichnen. Deine Zeichnungen sollten so groß sein wie die in diesem Buch. Beachte den gelben Pfeil. Steht dort 90%, muss das Bild die Zeichenfläche fast komplett ausfüllen.

Stellst du fest, dass eine Figur die falsche Größe hat, wenn du das Spiel fertig hast, musst du sie leider noch einmal zeichnen!

DIE MALWERKZEUGE

Pinsel
Den nimmst du zum Malen.

Linie
Tipp: Halte die **Umschalttaste** gedrückt, damit sie horizontal oder vertikal wird.

10

Optionen: Ändere die Linienbreite.

Rechteck
Tipp: Ein Quadrat zeichnest du mit gedrückter **Umschalttaste**.

Ellipse (Oval)
Tipp: Einen Kreis malst du mit gedrückter **Umschalttaste**.

Ausgefüllt Umrandet

Optionen: Du kannst Umriss oder ausgefüllt wählen.

Textwerkzeug
Hier gibst du Text ein.

Sans Serif

Optionen: Wähle die Schriftart.

Fülleimer
Fülle den ausgewählten Bereich.

Optionen: Farbverlauf oder flächige Füllung wählen.

Radiergummi
Nimm bei Fehlern nicht den Radierer, sondern klicke auf **Rückgängig** und mache es neu!

Rückgängig Wiederherstellen

Füllfarbe

Farben
Wähle hier deine Lieblingsfarben.

Mit der Pipette wählst du eine Farbe aus einem Bild.

Hier passt du einzelne Farben an.

100%

Ein- und Auszoomen
Beim Hineinzoomen kannst du besser Details einfügen oder Dinge aneinander ausrichten. Beim Herauszoomen siehst du, wie die Figur insgesamt wirkt. Denk dran: Die eigentliche Figur wird nicht größer oder kleiner! Es ist eher so wie der Blick durch eine Lupe.

Auswählen
Hast du etwas an einer falschen Stelle gemalt, korrigierst du es so: Ziehe über der Figur einen blauen Rahmen auf. Klicke mit der Maus in den Rahmen und bewege sie (und damit diesen Teil der Figur). Mit den Anfassern am Rahmenrand änderst du für diesen Teil des Bildes die Größe.

DIE ARBEIT SPEICHERN

Klicke im Bildschirm oben links auf **Datei**. Dann klickst du auf:
Neu, um eine neue Arbeit zu beginnen.
Auf deinem Computer speichern, um die Datei zu speichern.
Hochladen von deinem Computer, um eine bereits gespeicherte Datei zu öffnen.

LEVEL-1-SPIELE

Wenn du Scratch nicht kennst, lernst du es mit diesen Spielen ganz leicht. Sie sind einfach zu programmieren, machen aber viel Spaß. Zuerst erfährst du wesentliche Konzepte, die bei Spielen dieser Stufe wichtig sind. Lies dir alles vor Beginn durch. Aber wenn du lieber gleich loslegen willst, kannst du hier nachsehen, falls du irgendwo hängenbleibst.

EINGABEN UND BEWEGUNG

Die Figuren der Level-1-Spiele kannst du entweder mit Maus oder Tastatur steuern.

Bei *Apfelschmaus* (S. 12) und *Schatzinsel* (S.14) lenkst du mit der Maus die Katzen-Figur auf dem Bildschirm.

Die Katze zeigt in die richtige Richtung, denn wir verwenden den Block **drehe dich zu**.

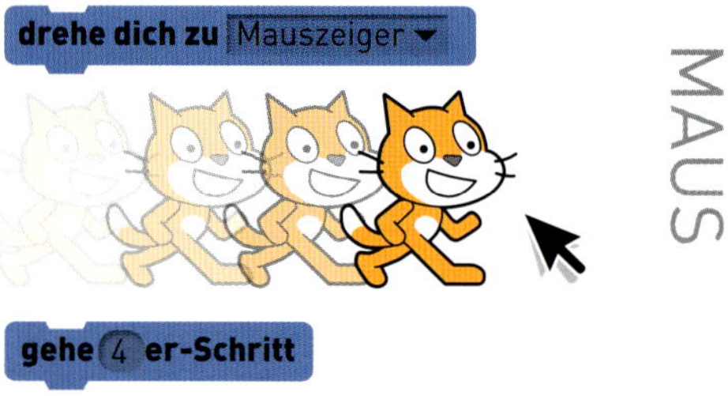

Für *Irrgarten* (S. 16), Schatzsuche (S. 22) und *Heil über die Straße* (S. 24) benutzt du die Tastatur. Wenn der Computer eine Aktion ausführen soll, drückst du eine Taste. Je nach gedrückter Taste läuft jeweils anderer Code, sodass die Figur in eine bestimmte Richtung läuft.

Bei Kurvenfahrt (S. 18) werden auch **drehe dich** -Codeblöcke verwendet. Damit dreht sich das Auto auf Tastendruck.

SCHLEIFEN UND WIEDERHOLUNGEN

Damit Code auch wirklich während eines Spiels läuft, legen wir ihn in einen **wiederhole fortlaufend**-Block. Dann läuft das Spiel endlos weiter. Das nennt man eine Schleife. Wird eine Schleife eingefügt, wird eine Befehlsgruppe ständig wiederholt.

Manchmal gibt es eine **wiederhole bis**-Schleife. Diese werden wiederholt, bis etwas passiert. In *Heil über die Straße* (S. 24) lässt eine solche **wiederhole bis**-Schleife dauernd Autos auf der Straße erscheinen – bis die Katzen-Figur getroffen wird!

„FALLS“, KOLLISION, FARBBERÜHRUNG

Wenn etwas im Spiel passiert, z.B. wenn eine Figur eine andere fängt, muss anderer Code gestartet werden.
Wenn z.B. beim *Apfelschmaus* (S. 12) die Katze einen Apfel berührt, soll dieser verschwinden, als wäre er aufgefressen.

Dafür sorgt der Codeblock **falls ... dann**. Dieser Code läuft in jedem Apfel. Berührt die Katze den Apfel, startet der Codeblock in der **falls**-Schleife ... und der Apfel verschwindet.

In die Öffnung gelegte Codeblöcke werden gestartet, sobald die Apfel-Figur die Katze berührt. „Verstecke dich“ bedeutet, sie verschwindet!

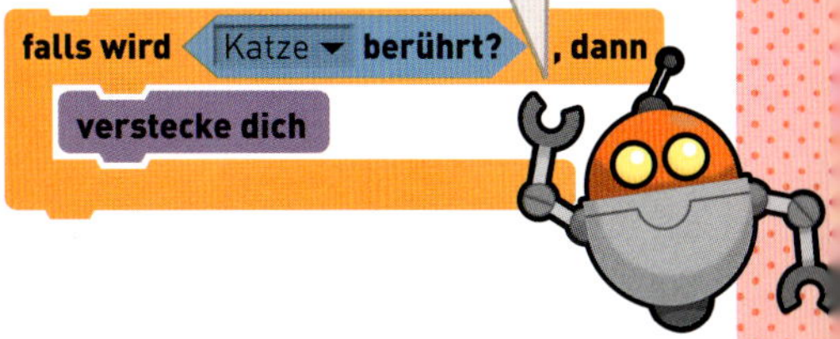

Dieser Block prüft, ob eine Figur eine andere berührt. (Du musst den Codeblock **wird ... berührt?** in die Öffnung des **falls ... dann**-Codeblocks ziehen.) Mit diesem Block testen wir, ob die Katze einen Apfel „gefressen“ hat.

Der Block **wird Farbe ... berührt?** prüft, ob die Figur eine bestimmte Farbe berührt, z.B. im Spiel *Schatzinsel* die Erde ...

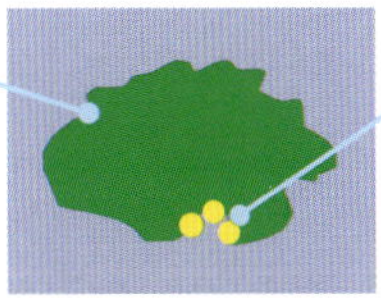

... oder ob sie Gelb berührt und den Schatz gefunden hat!

Farbe für „wird Farbe ... berührt?“-Block wählen

1. Klicke auf das Farbquadrat.

2. Der Zeiger ändert sich.

3. Klicke auf die gewünschte Farbe.

Damit ist die Farbe gewählt. Der Block kann nun prüfen, ob die Figur die gewählte Farbe berührt.

KOORDINATEN FÜR X UND Y SETZEN

Bei manchen Spielen soll die Figur zu Beginn an einer bestimmten Bildschirmstelle erscheinen. Bei *Heil über die Straße* (S. 24) und *Schatzsuche* (S. 22) setzen wir dafür die Koordinaten der Katzen-Figur.

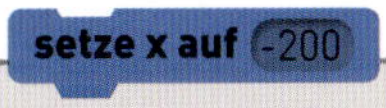

„setze x auf“ sagt Scratch, wie weit links oder rechts auf dem Bildschirm die Figur erscheinen soll.

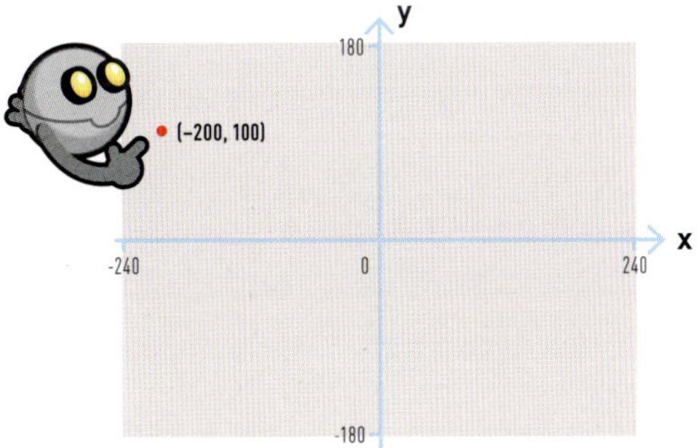

Mit dem Block **gehe zu x: y:** können wir x und y gleichzeitig setzen. Gehst du mit der Maus über den Bühnen-Bereich, siehst du unten rechts, wie sich die Koordinaten ändern. Hier erfährst du die genauen Koordinaten des Mauszeigers.

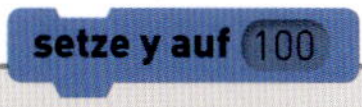

„setze y auf“ sagt Scratch, wie weit oben oder unten die Figur erscheinen soll.

APFELSCHMAUS

Bei unserem ersten Spiel futtert eine Katze die Äpfel auf dem Bildschirm. Der Spieler steuert die Katze, indem er mit der Maus auf eine Stelle des Bildschirms zeigt. Dorthin bewegt sich die Katze nun. Berührt die Katze einen Apfel, verschwindet dieser – als wäre er gegessen worden!

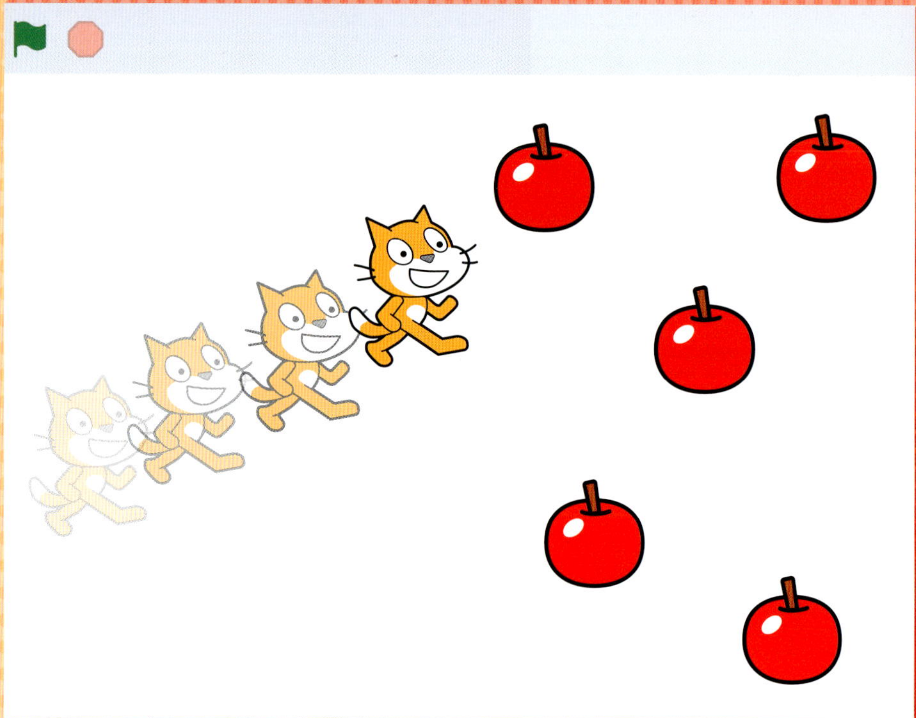

1 Öffne eine neue Scratch-Datei und ziehe die folgenden Codeblöcke in den Skript-Bereich. Der Block **Wenn grüne Flagge angeklickt** steht in der Gruppe **Ereignisse**, den Block **wiederhole fortlaufend** findest du in der Gruppe **Steuerung** und die anderen in der Gruppe **Bewegung**.

Sobald die **grüne Flagge** angeklickt wird, startet der Code.

Diese 3 Zeilen werden fortlaufend wiederholt:

Die Katze soll sich in Richtung Mauszeiger drehen.

In jeder Schleife soll sie vier Schritte gehen.

Ändere die Anzahl der Schritte auf **4**.

2 Klicke auf die **grüne Flagge** oben rechts auf der Bühne, um den bisherigen Code zu testen. Bewege die Maus und schau, wie die Katze ihr folgt. Funktioniert etwas nicht, prüfe, ob die Blöcke so wie gezeigt sind.

3 Baue nun einen Apfel ein, den die Katze fressen kann (auf S. 8 findest du Hilfe).

Klicke auf das Symbol **Figur wählen.**

Scrolle die Figuren durch und klicke auf den **Apfel**.

4 Ziehe die folgenden Code-Blöcke in den Skript-Bereich. Dieser Code steuert den Apfel, nicht die Katze! Die Blöcke **zeige dich** und **verstecke dich** stehen in der Gruppe **Aussehen**. Du ziehst den Code-Block **wird ... berührt?** (Gruppe **Fühlen**) in die Öffnung von **falls ... dann**, wo er sich einklinkt.

Sobald die grüne **Flagge** angeklickt wird, startet der Code.

Achte darauf, dass der Apfel anfangs sichtbar ist.

Diese 3 Zeilen werden fortlaufend wiederholt:

Prüfe, ob der Apfel Figur1 (die Katze) berührt ...

Trifft das zu, verstecke den Apfel.

Beachte: Im Menü von **wird ... berührt?** muss **Figur1** sichtbar sein.

5 Klicke auf die **grüne Flagge**, um den bisherigen Code zu testen.
Lass die Katze in Richtung Apfel laufen. Schau, wie der Apfel verschwindet, wenn die Katze ihn berührt.

6 Jetzt brauchst du noch mehr Äpfel! Wir kopieren einfach den ersten, d.h. jeder neue Apfel besitzt den nötigen Code, damit der Apfel verschwindet, wenn die Katze ihn berührt.

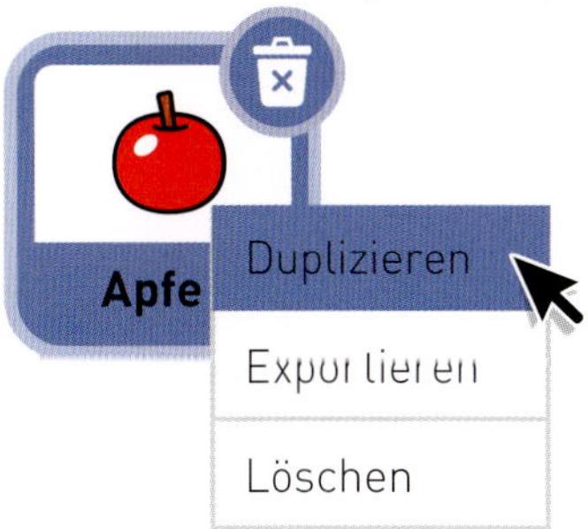

Klicke auf die **grüne Flagge**, damit die Katze wieder auf die Bühne kommt.
Dann klicke mit der **rechten** Maustaste auf den Apfel im Figuren-Bereich.

Dann klicke auf **Duplizieren**. Ziehe den neuen Apfel auf der Bühne an eine andere Stelle. Teste den Code, dann füge weitere Äpfel ein. Viel Spaß bei deinem ersten Spiel!

SCHATZINSEL

Bei diesem Spiel muss der Spieler mit seinem Piratenschiff um eine Insel segeln, um den Schatz zu finden. Das Spiel endet, wenn das Schiff die Insel berührt oder den Schatz findet. Das programmieren wir so, indem wir prüfen, ob das Schiff die Farbe Grün oder Gelb berührt Du lernst auch, einen Hintergrund zu malen.

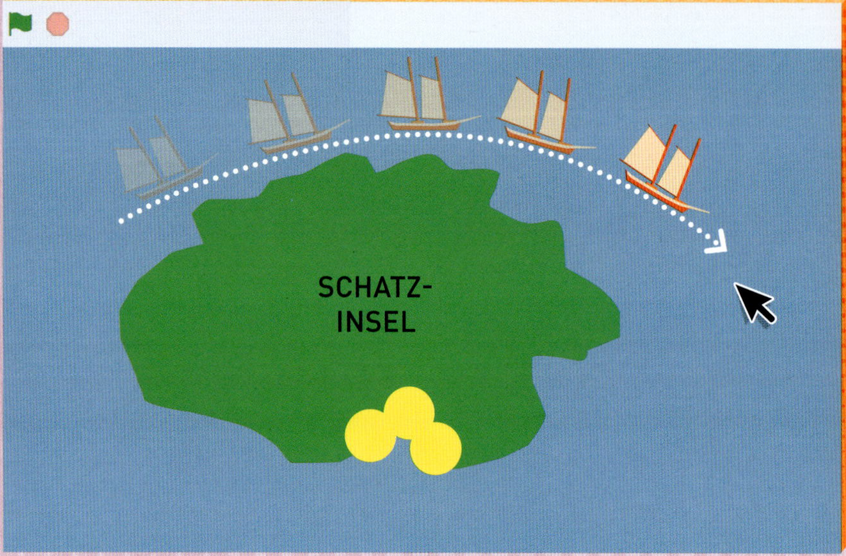

1 Öffne eine neue Scratch-Datei. Lösche die Katze:

Gehe zum Figuren-Bereich unten rechts. Auf Seite 8 findest du Infos, wie damit gearbeitet wird.

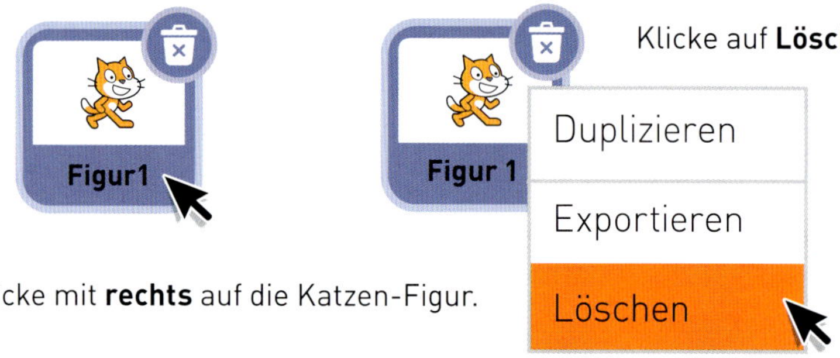

Klicke mit **rechts** auf die Katzen-Figur.

Klicke auf **Löschen**.

2 Erstelle ein Piratenschiff.

Klicke auf das Symbol **Figur wählen.**

Scrolle die Figuren durch und klicke auf **Sailboat**.

3

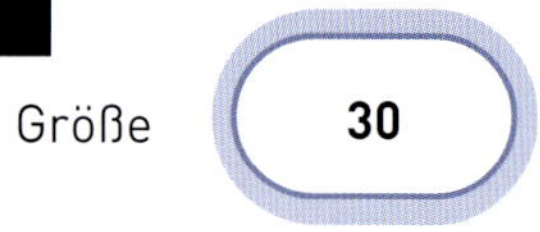

Mache das Boot kleiner. Gehe zur Namen-Box in der **Info-Box** der Figur. Ändere die Größe von 100 auf 30 und drücke dann **Eingabe** auf der Tastatur.

4 Für den Hintergrund klickst du zuerst auf den Button **Bühne** im Figuren-Bereich.

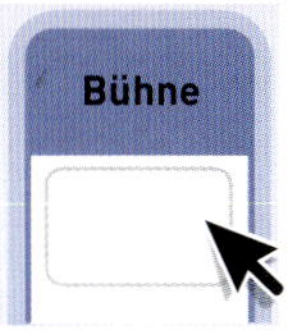

Klicke dann auf den Reiter **Bühnenbilder** oben links auf dem Bildschirm.

5 Klicke zuerst auf **In Rastergrafik umwandeln**.

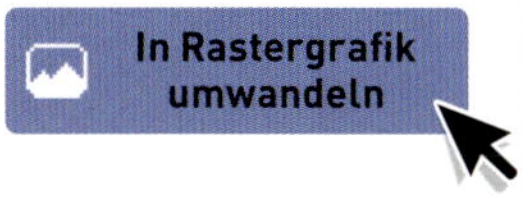

Wähle eine grüne Farbe und male mit dem **Pinsel** (Hilfe findest du auf S. 8) einen Umriss für deine Insel.

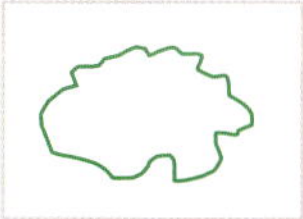

Wähle **Fülleimer** und klicke mitten in die Insel, um sie mit Farbe auszufüllen.

Wähle eine blaue Farbe und klicke neben die Insel, um das Meer zu malen.

6 Mit dem **Ellipsen**-Werkzeug malst du große Goldstücke auf die Küste. Achte darauf, dass die Goldstücke etwas ins Meer ragen.

Um Schrift einzufügen, nimm das **Text**-Werkzeug.

Benutze bei Fehlern „Rückgängig“!

7 Klicke auf das Sailboat-Symbol im Figuren-Bereich.

Klicke dann auf den Reiter **Skripte** oben links auf dem Bildschirm.

Ziehe die folgenden Code-Blöcke in den Skript-Bereich. Den Block **wird Farbe ... berührt?** aus der **Fühlen**-Gruppe ziehst du in die Öffnung des **falls ... dann**-Blocks. Auf Seite 11 erfährst du, wie du die Farbe für die **wird Farbe .... berührt?**-Blöcke setzt. Der Block **sage ... für 2 Sek.** ist in der Gruppe **Aussehen**.

```
wenn [grüne Flagge] angeklickt
wiederhole fortlaufend
    drehe dich zu [Mauszeiger ▾]
    gehe (1) er-Schritt
    falls <wird Farbe [grün] berührt?> , dann
        sage [Dein Schiff ist gesunken!] für (2) Sek.
        stoppe [alles ▾]
    falls <wird Farbe [gelb] berührt?> , dann
        sage [Du hast den Schatz gefunden!] warte (2) Sek.
        stoppe [alles ▾]
```

Sobald die **grüne Flagge** angeklickt wird, startet der Code.
Folgende Zeilen werden fortlaufend wiederholt:
Das Schiff dreht sich in Richtung Mauszeiger.
Das Schiff bewegt sich langsam.

Berührt das Schiff grün (die Insel):
Zeige diese Botschaft.
Stoppe die Ausführung des Codes.

Berührt das Schiff gelb (den Schatz):
Zeige diese Botschaft.
Stoppe die Ausführung des Codes.

Teste dein Spiel mit Klick auf die grüne Flagge. Bei jedem Spielbeginn musst du das Piratenschiff wieder ins blaue Meer ziehen.

IRRGARTEN

Bei diesem Irrgartenspiel lenken wir unsere Figur über Tastendruck-Ereignisse. Wird die Pfeil-nach-oben-Taste gedrückt, bewegt sich die Figur nach oben. Um die Figur zu stoppen, wenn sie auf eine Wand trifft, testen wir, welche Farbe sie berührt.

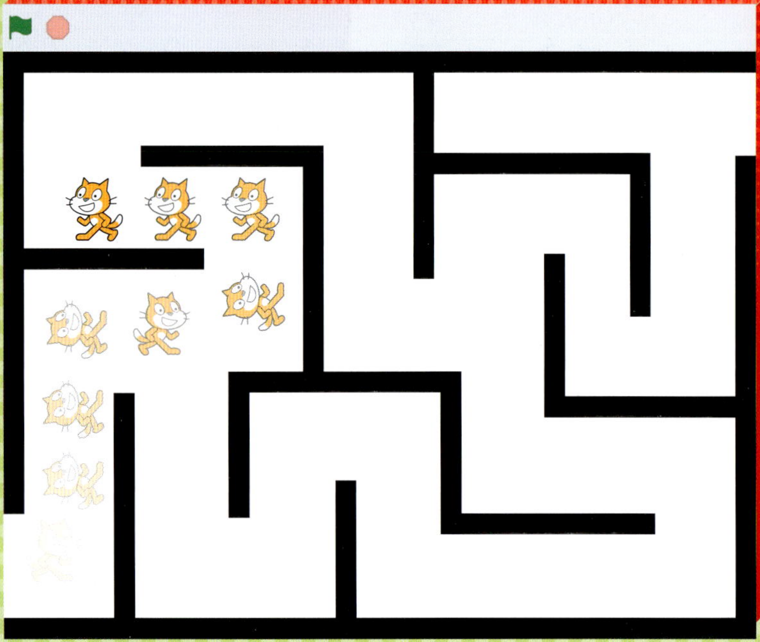

1 Öffne eine neue Scratch-Datei.

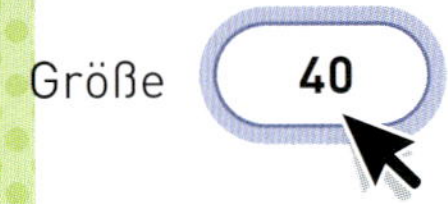

Mache die Katze kleiner. Ändere die Größe von 100 auf 40 und drücke dann **Eingabe**.

2 Für den Hintergrund klickst du zuerst auf den Button **Bühne** im Figuren-Bereich.

Klicke dann auf den Reiter **Bühnenbilder** oben links auf dem Bildschirm.

3 Klicke auf **In Rastergrafik umwandeln**.

Wähle das **Rechteck-Werkzeug.**

4 Baue den Irrgarten, indem du Rechtecke aufziehst.

Nimm bei Fehlern den **Radiergummi** oder klicke auf **Rückgängig**.

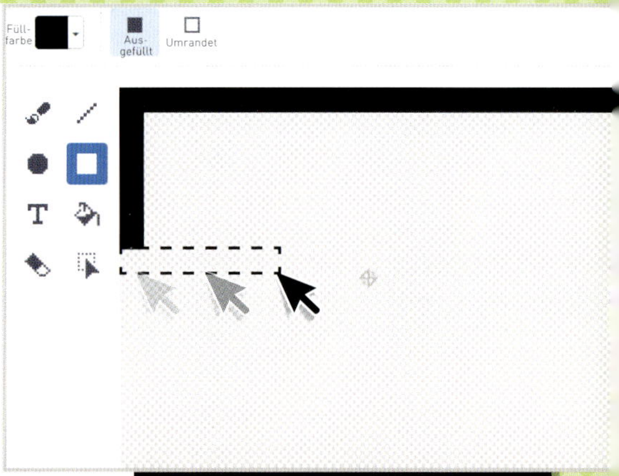

Die Katze braucht Platz, um durch die Öffnungen zu kommen. Das Spiel soll herausfordernd, aber nicht unmöglich werden!

5

Um der Katzen-Figur Code zu geben, klickst du auf **Figur1** im Figuren-Bereich.

Dann klicke auf den Reiter **Skripte**.

Ziehe den folgenden Code hinein. Der Block **wenn Taste ... gedrückt** steht in **Ereignisse**.

```
wenn Taste [Pfeil nach oben ▾] gedrückt
setze Richtung auf (0 ▾)
gehe (10) er-Schritt
```

Starte diesen Code, wenn die Taste „Pfeil nach oben" gedrückt wird:
Nach oben drehen (0 Grad). Klicke auf das Aufklappmenü, um dies einzustellen.
Bewege die Katzen-Figur 10 Schritte.

```
wenn Taste [Pfeil nach unten ▾] gedrückt
setze Richtung auf (180 ▾)
gehe (10) er-Schritt
```

Starte diesen Code, wenn die Taste „Pfeil nach unten" gedrückt wird:
Nach unten drehen (180 Grad).
Bewege die Katzen-Figur 10 Schritte.

```
wenn Taste [Pfeil nach links ▾] gedrückt
setze Richtung auf (-90 ▾)
gehe (10) er-Schritt
```

Starte diesen Code, wenn die Pfeil-nach-links-Taste gedrückt wird:
Nach links drehen (-90 Grad).
Bewege die Katzen-Figur 10 Schritte.

```
wenn Taste [Pfeil nach rechts ▾] gedrückt
setze Richtung auf (90 ▾)
gehe (10) er-Schritt
```

Starte diesen Code, wenn die Pfeil-nach-rechts-Taste gedrückt wird:
Nach rechts drehen (90 Grad).
Bewege die Katzen-Figur 10 Schritte.

6

Klicke auf die **grüne Flagge**, um den bisherigen Code zu testen.

Die Katze sollte sich nun bewegen, wenn du die Pfeiltasten drückst. Aber noch kann sie durch Wände gehen!

7

Um die Katze vor der Wand zu stoppen, nimmst du diesen Code. Wie du die Farbe beim Block **wird Farbe ... berührt?** änderst, erfährst du auf Seite 11.

```
wenn [Flagge] angeklickt
wiederhole fortlaufend
    falls <wird Farbe [■] berührt?>, dann
        drehe dich um ↻ (180) Grad
        gehe (10) er-Schritt
```

Beim Klick auf die grüne **Flagge** startet der Code.
Dieser Code soll endlos wiederholt werden.
Prüfe, ob die Katze Schwarz (die Wände) berührt:
Ist das der Fall, drehe dich um.
Gehe 10 Schritte (also zurück).

KURVENFAHRT

Dieses Rennspiel ist einfach zu programmieren und macht viel Spaß! Anstatt den Wagen mit vier Tasten in verschiedene Richtungen zu steuern, wird er nur mit den Pfeiltasten nach rechts und links gedreht. Mit der Leertaste gibst du Gas. „Fühlt" die Auto-Figur, dass sie grün berührt, stoppt sie.

1 Öffne eine neue Scratch-Datei. Lösche die Katze:

Klicke mit **rechts** auf den Button **Figur1**.

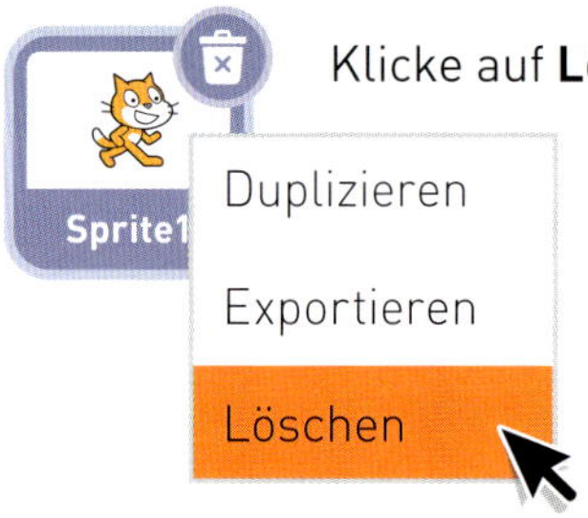

Klicke auf **Löschen**.

2 Nun erstelle die Auto-Figur.

Halte den Zeiger über **Figur wählen**, aber klick noch nicht.

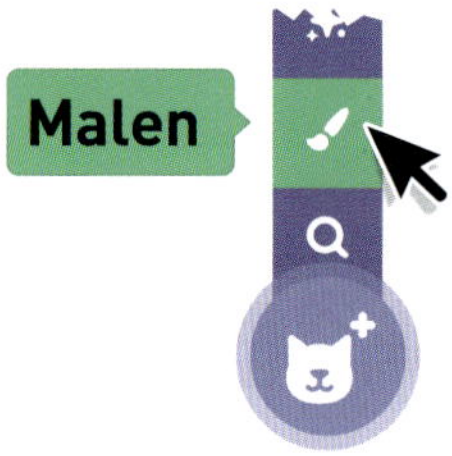

Klicke mit der Maus auf den Pinsel.

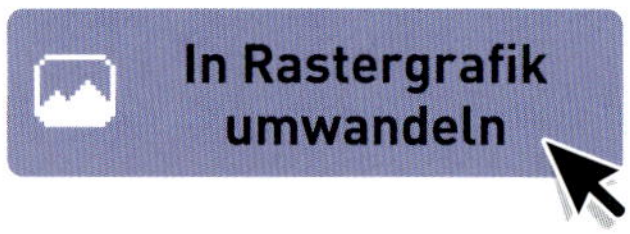

Klicke auf **In Rastergrafik umwandeln**.

Wähle Rot (auf S. 8 findest du Hilfe).

3 Male rote und graue Rechtecke. Nimm sehr große Rechtecke, die den Malbereich fast völlig ausfüllen. Später verkleinern wir das Auto.

Ein großes rotes Rechteck wird die Karosserie.

Die Fenster bestehen aus grauen Rechtecken.

Das nächste rote Rechteck wird zum Dach.

4 Klicke aufs **Linie**-Werkzeug.

Male vier Linien.

5 Runde die Ecken mit dem **Radiergummi** ab.

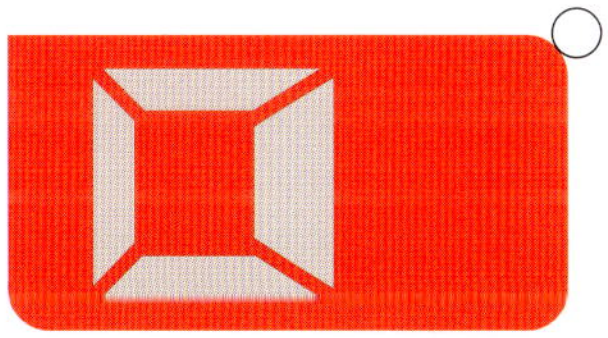

6 Dann klicke auf den Reiter **Skripte**. Gib der Auto-Figur nun diesen Code:

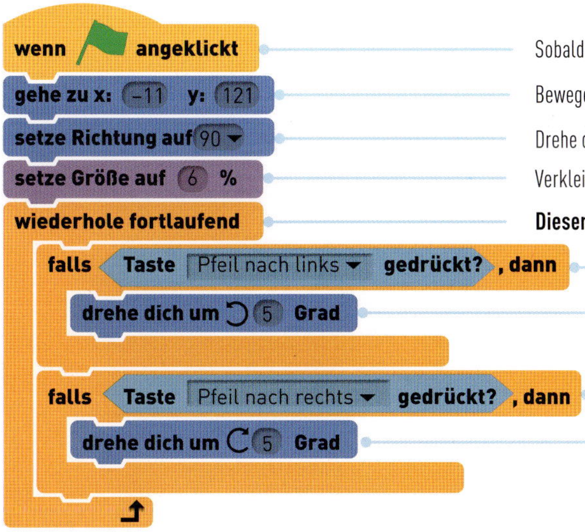

Sobald die grüne **Flagge** angeklickt wird, startet der Code.

Bewege das Auto zu den Koordinaten x –11, y 121.

Drehe die Auto-Figur nach rechts.

Verkleinere das Auto auf 6%.

Dieser Code soll endlos wiederholt werden.

Wird die Pfeil-nach-links-Taste gedrückt:
Drehe um 5 Grad im Uhrzeigersinn!

Wird die Pfeil-nach-rechts-Taste gedrückt:
Drehe um 5 Grad im Uhrzeigersinn!

Wenn das Auto beim Start nicht auf der Rennstrecke ist, passe die Position an, auf der das Auto beim Klick auf die grüne Flagge startet.

Auf Seite 11 erfährst du mehr über Koordinaten.

Um schnell die Koordinaten herauszufinden, halte den Mauszeiger irgendwo auf die Rennstrecke. Am unteren Bühnenrand erscheinen nun die x- und y-Koordinaten für diesen Punkt, die du in den Block „gehe zu x: y:“ eintippst.

7

Klicke auf die **grüne Flagge**, um den bisherigen Code zu testen. Das Auto wird nun kleiner und dreht sich beim Drücken der Pfeiltasten nach links und rechts – aber es fährt noch nicht.

Achtung: Die Strecke muss breit genug für das Auto sein.

8

Klicke auf den **Bühne**-Button neben dem Figuren-Bereich.

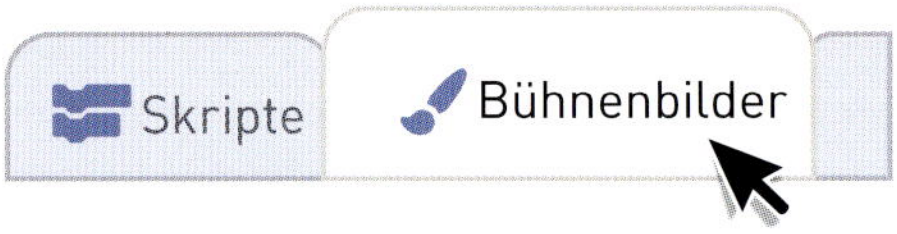

Klicke nun auf den Reiter **Bühnenbilder**.

Klicke auf **In Rastergrafik umwandeln**.

Male mit dem **Rechteck**-Werkzeug eine einfache Rennstrecke:

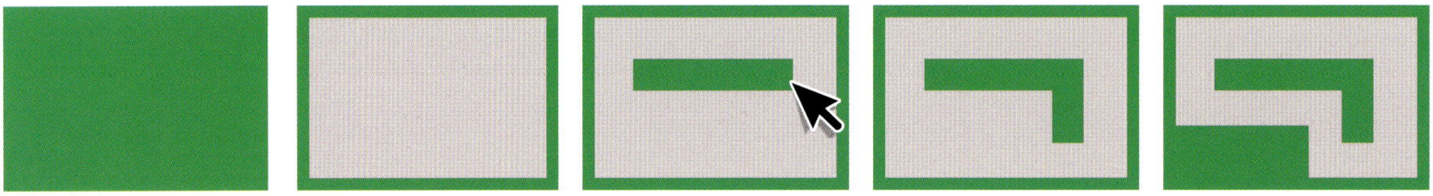

9

Klicke zuerst auf das Auto im Figuren-Bereich und dann auf **Skripte**. Das Auto bekommt diesen Code:

```
wenn Taste [Leertaste ▾] gedrückt
wiederhole bis <wird Farbe [■] berührt?>
    gehe (3) er-Schritt
↲
gehe (-3) er-Schritt
```

Starte den Code, sobald die Leertaste gedrückt wird:

Der Code soll ausgeführt werden, bis das Auto Grün berührt:

Bewege das Auto vorwärts.

Dieser Codeblock wird nur gestartet wenn das Auto Grün berührt (d.h. einen Unfall baut). Er bewegt das Auto „minus 3 Schritte“ weit, also 3 Schritte zurück.

Auf Seite 11 findest du mehr Infos zum Block „wird Farbe berührt?“.

10

Mit Klick auf die grüne **Flagge** testest du das Spiel. Falls sich das Auto beim Drücken der Leertaste nicht bewegt, ziehe es so, dass es ganz auf der Strecke steht und kein Gras berührt.

ZUSATZAUFGABEN

- Male für den Hintergrund Zuschauer, Bäume oder Muster. Aber das Spiel selbst darf davon nicht beeinträchtigt werden.
- Füge einen Klangeffekt aus der Gruppe **Klang** ein, der abgespielt wird, sobald das Auto von der Strecke abkommt. Tipp: Du musst einen Codeblock unter den Block **gehe -3 er Schritt** in Schritt 9 einfügen.
- Füge einen Button ein, mit dem du das Auto bremsen kannst.
- Bringe eine Ölspur auf die Strecke. Füge dazu eine fortlaufend wiederholte Schleife ein, die prüft, ob das Auto die Farbe des Öls berührt. Wie lässt du das Auto schleudern, sobald es diese Farbe berührt?
- Dupliziere den Code für **wenn Leertaste gedrückt** (in Schritt 9), damit du einen „Beschleunigen"-Button bekommst. Ändere den Code, damit er beim Drücken einer anderen Taste läuft.
- Baue ein zweites Auto ins Spiel ein, damit du zu zweit um die Wette fahren kannst. Nimm für den zweiten Wagen andere Tasten.

EXPERIMENTE

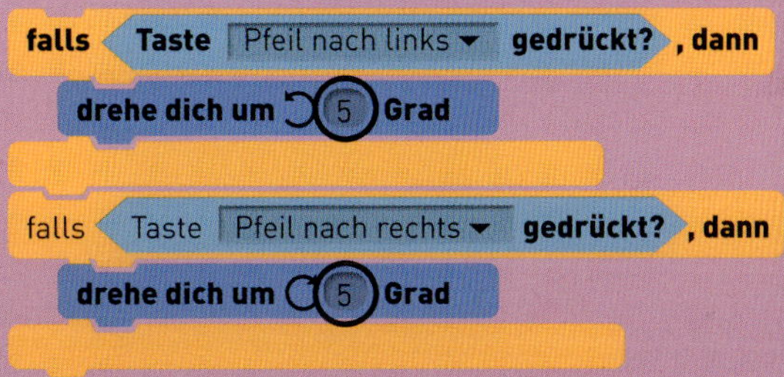

- Ändere den Winkel, um den sich das Auto beim Drücken der Pfeiltasten dreht – siehe Schritt 6). Was passiert, wenn du 1 Grad oder 15 Grad eingibst?
- Ändere im Code, der beim Drücken der **Leertaste** ausgeführt wird (siehe Schritt 9), den Block **gehe 3 er Schritt**, um 1 oder 5 Schritte zu gehen. Was passiert mit der Geschwindigkeit des Autos? Vielleicht musst du auch den Block **gehe -3 er Schritt** ändern.
- Ändere die Farbe, die du für Gras gewählt hast. Stoppt der Wagen immer noch, wenn er von der Strecke abkommt? Was brauchst du, damit das neu eingefärbte Gras den Wagen stoppt?
- Welche Größe ist für den Wagen am besten (siehe Schritt 6)? Sind 6 % zu wenig? Wie muss die Strecke geändert werden, wenn du ihn größer machst?

SCHATZSUCHE

Dieses Spiel funktioniert wie *Irrgarten* (S. 16), hat aber noch mehr tolle Extras wie Klangeffekte. Die Katze geht automatisch zu den Startkoordinaten und erkennt, wenn sie Gold gefunden hat (durch Prüfen, ob Gelb berührt wird).

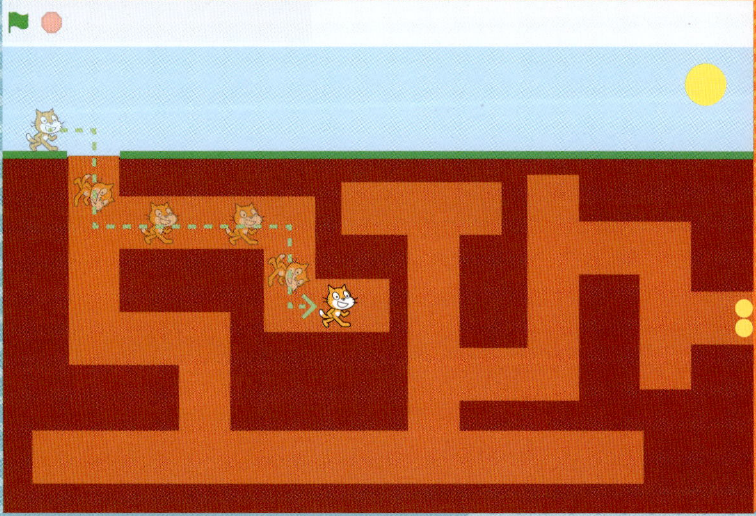

Die Stoppuhr misst, wie lange der Spieler für seine Suche braucht.

1 Größe 40

Mache die Katze kleiner. Ändere die Größe von 100 auf 40 und drücke **Eingabe**.

2 Bühne

Klicke auf den Button **Bühne**.

Bühnenbilder

Klicke auf den Reiter **Bühnenbild**.

In Rastergrafik umwandeln

Klicke auf **In Rastergrafik umwandeln**.

3 Male ein unterirdisches Labyrinth (siehe oben) und nutze die Techniken von Seite 16, Schritte 3 und 4. Nimm für die Wände Dunkelbraun. Mit Gelb malst du das Gold. Nimm dazu das **Ellipsen**-Werkzeug und nutze die Techniken von Seite 15, Schritt 6. Achte darauf, dass die Katze durch alle Öffnungen passt.

4 Klicke im Figuren-Bereich auf die Katze, um ihr Code zu geben. Dann klicke auf den Reiter **Skripte**.

Skripte

Mit folgendem Code bewegst du die Katze:

```
wenn Taste [Pfeil nach oben ▾] gedrückt
setze Richtung auf (0 ▾)
gehe (10) er-Schritt

wenn Taste [Pfeil nach links ▾] gedrückt
setze Richtung auf (-90 ▾)
gehe (10) er-Schritt

wenn Taste [Pfeil nach rechts ▾] gedrückt
setze Richtung auf (90 ▾)
gehe (10) er-Schritt

wenn Taste [Pfeil nach unten ▾] gedrückt
setze Richtung auf (180 ▾)
gehe (10) er-Schritt
```

Auf Seite 17 wird dieser Code näher erklärt.

5

Gib der Katze folgenden Code. Um die grünen Musik-Blöcke zu nutzen, fügst du die **Musik-Erweiterung** ein (siehe „Erweiterungen einfügen" unten auf dieser Seite). Die **Stoppuhr**-Blöcke sind in der **Fühlen**-Gruppe. Damit das Programm die genommene Zeit anzeigt, ziehst du den kleinen **Stoppuhr**-Block auf den **sage Hallo!**-Block aus der Gruppe **Aussehen**.

Wie du im Block „wird Farbe … berührt?" die Farbe änderst, erfährst du auf Seite 11.

wenn [grüne Flagge] angeklickt	Der Code startet, wenn du auf die **grüne Flagge** klickst.
setze Stoppuhr zurück	Setze zu Spielbeginn die Stoppuhr auf 0.
setze Instrument auf (18)	Wähle Instrument 18 (Steeldrum).
spiele Note (72) für (0.5) Schläge	Spiele eine C-Note einen halben Takt lang.
gehe zu x: (-223) y: (-146)	Bewege die Katze zum Tunneleingang. Auf Seite 11 erfährst du mehr über Koordinaten.
setze Richtung auf (90)	Drehe nach rechts.
wiederhole bis <wird Farbe [gelb] berührt?>	**Führe diesen Code aus, bis die Katze gelb berührt (das Gold):**
falls <wird Farbe [dunkelbraun] berührt?>, dann	**Falls die Katze dunkelbraun berührt (Wände):**
drehe dich um ↻ (180) Grad	Drehe um 180 Grad (Gegenrichtung).
gehe (10) er-Schritt	Gehe 10 Schritte (also zurück).
spiele Schlaginstrument (2) für (0.25) Schläge	Und spiele einen Trommelschlag ab.
	Dieser Code wird ausgeführt, wenn der Spieler das Gold erreicht:
sage (Stoppuhr)	Die Stoppuhr zeigt, wie lange der Spieler gebraucht hat.
spiele Note (60) für (0.5) Schläge spiele Note (64) für (0.5) Schläge spiele Note (67) für (0.5) Schläge spiele Note (72) für (0.5) Schläge	Eine Melodie aus den Noten C, E, G und C wird abgespielt.

6

Teste dein Spiel mit Klick auf die **grüne Flagge**. Du gibst die Startposition für die Katzen-Figur über die **x- und y-**Koordinaten im Block **gehe zu x: und y:** an. Auf Seite 19 findest du dazu Hilfe.

EXPERIMENTE

Ändere die Nummer des Instruments und höre dir den neuen Klang an.

Probiere mit den Ausklappmenüs, wie sich Noten und Takt ändern lassen.

setze Instrument auf (18)

- (1) Piano
- (2) E-Piano
- (3) Orgel
- (4) Gitarre

ERWEITERUNGEN EINFÜGEN

Manchmal musst du einige weitere Codeblöcke einfügen, damit Scratch bestimmte Dinge macht. Um Musik zu spielen, brauchst du die **Musik-Erweiterung**. Damit werden die grünen Musik-Blöcke für Scratch geladen.

Klicke auf den Button **Musik-Erweiterung** (auf dem Bildschirm unten links).

Klicke auf die Musik-**Erweiterung**.

HEIL ÜBER DIE STRASSE

Bei diesem Spiel soll die Katze heil über die Straße gelangen und den Autos ausweichen. Damit sie echter wirkt, kriegt sie eine Laufanimation. Die Autos bewegen sich anders als die Figuren der vorigen Spiele: Sie prallen vom Bühnenrand ab.
Mit dem Ereignis „sende Nachricht“ schicken wir eine Botschaft vom Auto zur Katze.

1 Klicke auf den **Bühne**-Button neben dem Figuren-Bereich.

Klicke nun auf den Reiter **Skripte**.

Klicke auf **In Rastergrafik umwandeln**.

2 Klicke auf das **Rechteck**-Werkzeug.

Male dunkel- und hellgraue, grüne und weiße Rechtecke:

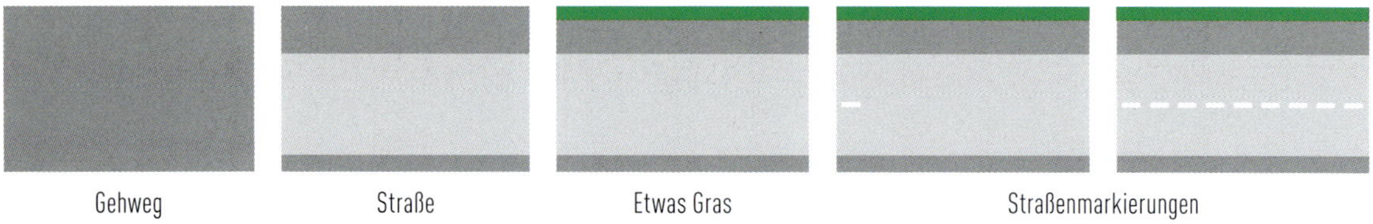

3 Klicke zuerst auf das Auto im Figuren-Bereich und dann auf **Skripte**.
Füge diesen Code ein:

```
wenn Taste [Pfeil nach oben ▾] gedrückt
setze Richtung auf (0 ▾)
```

```
wenn Taste [Pfeil nach links ▾] gedrückt
setze Richtung auf (-90 ▾)
```

```
wenn Taste [Pfeil nach rechts ▾] gedrückt
setze Richtung auf (90 ▾)
```

```
wenn Taste [Pfeil nach unten ▾] gedrückt
setze Richtung auf (180 ▾)
```

Starte diesen Code, wenn die Taste „Pfeil nach unten“ gedrückt wird:

Nach unten drehen (180 Grad).

Denke daran, dass du Code für alle vier Richtungen brauchst.

4

Nimm über den Button **Figur wählen** einen Donut.

Scrolle die Figuren durch und klicke auf **Convertible2**.

5

Dieser Code bewegt das Auto. Der Block **sende Nachricht an alle** steht in der **Ereignisse**-Gruppe. Wähle im Ausklappmenü **neue Nachricht** und tippe **Treffer**.

wenn [grüne Flagge] angeklickt	Sobald die grüne **Flagge** angeklickt wird, startet der Code.
wiederhole bis <wird (Sprite1 ▾) berührt ?>	**Dieser Code soll ausgeführt werden, bis das Auto die Katze trifft:**
gehe (5) er-Schritt	Bewege das Auto 5 Schritte.
pralle vom Rand ab	Das Auto soll am Rand der Bühne „abprallen" und zurückfahren.
	Dieser Code startet, wenn das Auto die Katze trifft:
sende Nachricht (Treffer ▾)	Sende eine Nachricht an die anderen Figuren, dass etwas getroffen wurde.

6

Klicke aufs Katzen-Symbol und füge zwei Codegruppen ein:

wenn [grüne Flagge] angeklickt	Sobald die **grüne Flagge** angeklickt wird, startet der Code.
setze Größe auf (50) %	Verkleinere die Katze auf 50%.
gehe zu x: (0) y: (-150)	Bewege die Katze zu den Koordinaten x 0, y –150 (siehe Seite 11).
setze Richtung auf (90 ▾)	Drehe die Katze nach rechts.
wiederhole bis <wird Farbe [grün] berührt?>	**Wiederhole diesen Code, bis die Katze das Gras erreicht:**
gehe (4) er-Schritt	Bewege die Katze vorwärts.
wechsle zum nächsten Kostüm	Weil ein anderes Bild der Katze gezeigt wird, wirkt es, als liefe sie. So macht man eine einfache Animation.
sage (Gut gemacht!)	Ist die Katze auf der anderen Seite angekommen, sage „Gut gemacht!".
wenn ich (Treffer ▾) empfange	**Der Code läuft nur, wenn die Katze die Nachricht „Treffer" bekommt:**
stoppe (andere Skripte der Figur ▾)	Stoppe den gesamten Code, sodass sich die Katze nicht bewegt.
spiele Klang (Miau ▾) ganz	Spiele die Klangdatei namens „Miau".

Durch diese Nachricht erfahren die anderen Figuren, dass etwas passiert ist.

Teste nun den Code.

7

Damit das Auto nicht mehr auf dem Kopf fährt, klicke auf den Kasten **Richtung** in der Info-Box der Figur und wähle die gezeigte Option.

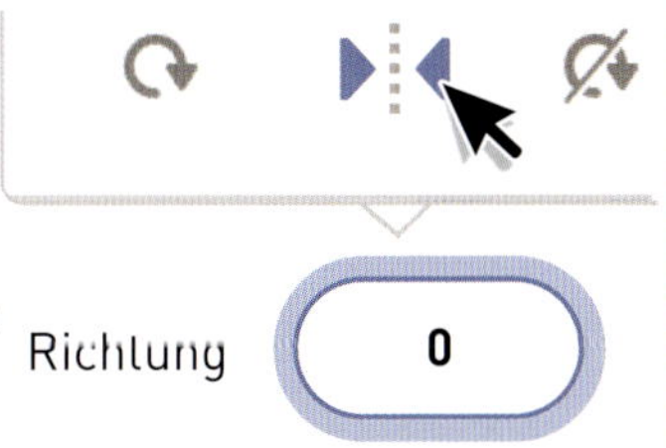

8

Mache noch ein Auto: Klicke mit **rechts** auf das Auto, dann auf **Duplizieren** (auf Seite 13 findest du in Kasten 6 weitere Hilfe). Ziehe dieses Auto auf die andere Straßenseite.

LEVEL-2-SPIELE

Nun hast du Level 1 abgeschlossen. Die Level-2-Spiele sind etwas anspruchsvoller zu programmieren, machen aber mehr Spaß. Wir bauen neue Funktionen wie einen Punktezähler ein. Die Spiele werden durch Zufallszahlen und Animationen abwechslungsreicher. Nun folgen einige Erläuterungen der neuen Konzepte von Level 2.

VARIABLEN: PUNKTESTAND

Computerprogramme arbeiten mit „Variablen", um Daten oder Informationen zu speichern. In Variablen speicherst du z.B. den Punktestand oder das Tempo, mit dem sich eine Figur bewegt. Anders als normale Zahlen können Variablen ihren Wert ändern. Wenn du einen Punkt machst, geht die Punkte-Variable 1 hoch.

So werden Variablen erstellt:

1. Klicke auf den Button **Variablen**, um alle Variablen-Blöcke zu sehen.

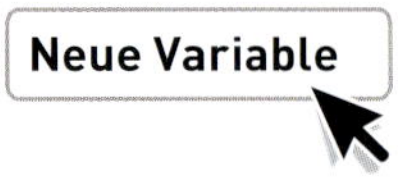

2. Klicke auf **Neue Variable**.

3. Nenne die Variable Punkte , indem du **Punkte** ins Feld eintippst.

4. Klicke dann auf **OK**.

1. Bei Spielbeginn:

Lege den Block **setze Punkte auf** in den Start deines Programms, um den Zähler zum Spielbeginn auf 0 zurückzusetzen.

2. Punktzahl erhöhen:

Der Codeblock **ändere Punkte um** erhöht jeweils die Punkte-Variable. Dieser Code muss laufen, sobald du einen Punkt gewinnst.

3. Bei Spielende:

Scratch-Variablen werden normalerweise stets auf dem Bildschirm angezeigt. Mit dem Codeblock sage aus der Gruppe **Aussehen** können wir die Punkte bei Spielende auch in einer Sprechblase zeigen.

Tippe nicht das Wort Punkte, sondern ziehe den **Punkte**-Block in die **Daten**-Gruppe.

Scratch kann die Punkte noch schicker anzeigen! Probiere mal dies hier:

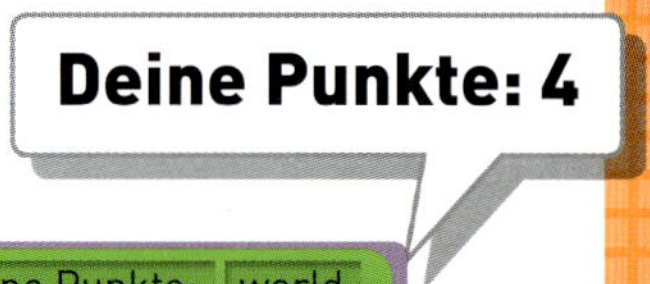

1. Ziehe **sage** aus der **Aussehen**-Gruppe.

2. Ziehe einen **verbinde**-Block aus den **Operatoren** und in den **sage**-Codeblock.

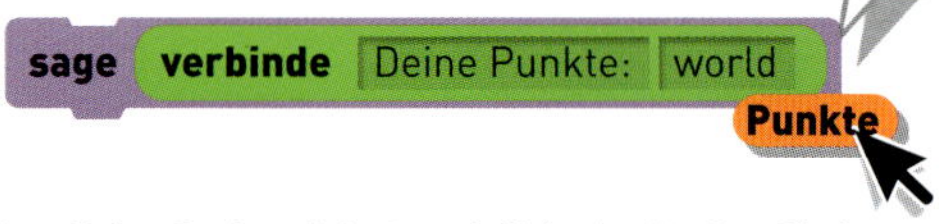

3. Tippe **Deine Punkte:** links in den **verbinde**-Block.

4. Ziehe den **Punkte**-Block in die rechte Öffnung.

ZUFALLSZAHLEN WÄHLEN

Wenn Spiele immer gleich ablaufen, wäre das ziemlich langweilig. Bei einem Brettspiel könnte man z.B. mit einem Würfel festlegen, wie weit ein Spieler gehen darf. Wir können nicht vorhersehen, welche Zahl zwischen 1 und 6 der Würfel zeigt, weil sie zufällig ist. Bei einem Computerspiel können wir den Computer ebenfalls eine Zufallszahl wählen lassen.

Die niedrigste Zahl, die gewählt werden kann. — Die höchste Zahl, die gewählt werden kann.

```
gehe zu x: (Zufallszahl von (0) bis (200)) y: (0)
```

Bei *Fang den Donut* (Seite 30) lässt dieser Code die Donuts immer von einer neuen Stelle fallen. Erstelle den Code und klicke darauf. Probiere verschiedene Werte aus.

ANIMATIONEN ERSTELLEN

Für *Wolken jagen* (Seite 32) erstellen wir eine Animation, damit es aussieht, als rotiere der Propeller des Doppeldeckers. Wir erstellen zwei „Kostüme" für das Flugzeug: eines mit Propeller oben und eines mit Propeller unten. Scratch wechselt dann schnell zwischen beiden. Mit dieser Technik kannst du eigene Animationen erstellen, z.B. tanzende Blumen oder winkende Hunde.

1. Male, was du animieren willst. Auf S. 32 steht, wie du einen Doppeldecker machst.

2. Nun erstellen wir ein zweites „Kostüm" mit einer etwas anderen Version der Figur.
Klicke im mittleren Bereich deines Bildschirms mit rechts auf **Kostüm1**.

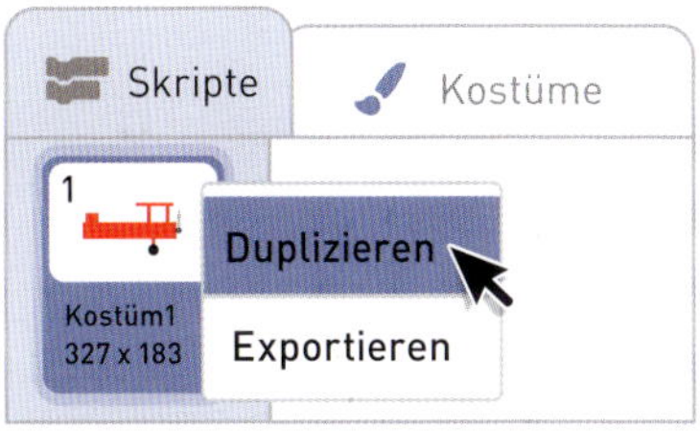

3. Klicke auf **Duplizieren**. Der Doppeldecker hat nun zwei Kostüme.

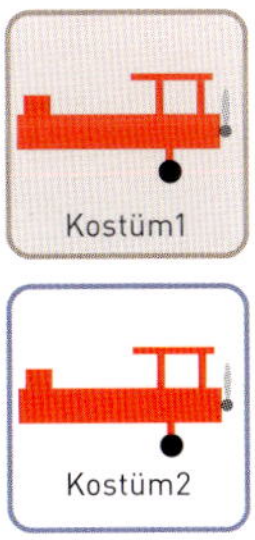

4. Nun ändern wir das zweite Kostüm etwas ab. In diesem Beispiel kehren wir den Propeller um.

Klicke auf das **Auswahl**-Werkzeug.

Ziehe einen Auswahlrahmen um den Propeller.

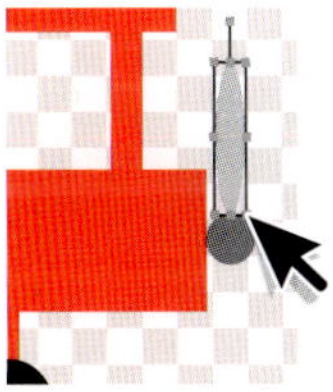

5. Klicke auf den Button **Vertikal spiegeln** (oben rechts im Malbereich).

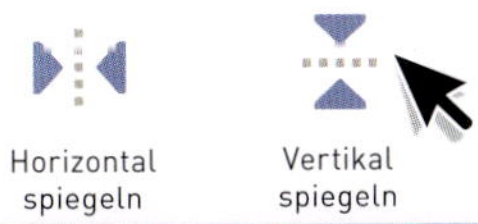

6. Ziehe den Propeller nach unten.

7. Mit Klick auf **wechsle zum nächsten Kostüm** wechselst du zwischen den beiden. Der Propeller „dreht" sich nun.

```
wechsle zum nächsten Kostüm
```

HUNDEKNOCHEN

Besonders Spaß machen Spiele, bei denen man immer mehr Punkte gewinnt! Wir erstellen nun ein Spiel, das in einer Variable die Zahl der Knochen speichert, die ein Hund frisst (siehe S. 26). Mit einer einfachen Animation sieht es so aus, als liefe er.

1 Öffne eine neue Scratch-Datei und lösche die Katze.

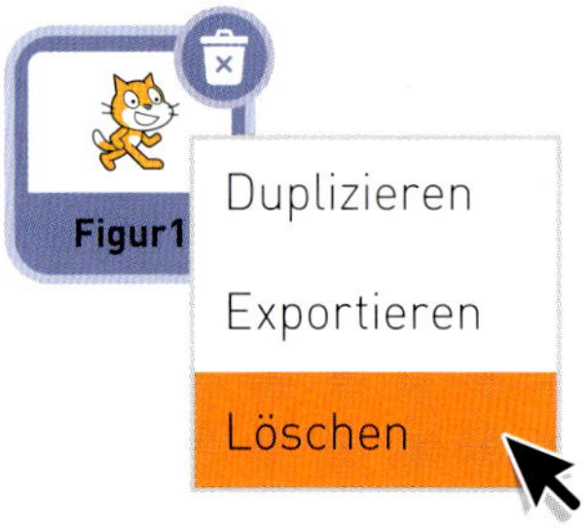

Im Figuren-Bereich klicke **rechts** auf das Katzen-Symbol. Klicke auf **Löschen**.

2 Füge eine Hund-Figur ein.

Klicke auf Button **Neues Kostüm wählen**.

Scrolle die Figuren durch und klicke auf **Dog2**.

3 Nun erstellst du eine Variable, damit du einen Punktstand einfügen kannst. Brauchst du Hilfe, schlage Seite 26 auf.

Klicke auf die **Variablen**-Gruppe.

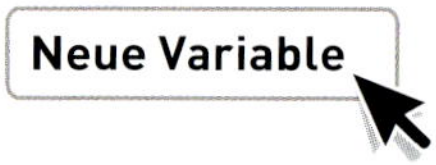

Klicke auf **Neue Variable**.

Nenne die Variable **Punkte** und klick auf **OK**.

4

Ziehe folgende Codeblöcke in den Skript-Bereich als Code für die Hunde-Figur. Der Block **setze Punkte auf** steht in der **Daten**-Gruppe und **wechsle zum nächsten Kostüm** in **Aussehen**.

Beim Klick auf die grüne **Flagge** startet der Code.

Setze zu Spielbeginn den Punktestand auf 0.

Diese 3 Zeilen werden fortlaufend wiederholt:

Der Hund soll sich in Richtung Mauszeiger drehen.

In jeder Schleife soll er zwei Schritte gehen.

Zeige das nächste „Hundekostüm". So sieht es aus, als würden sich seine Beine bewegen.

5 Nun mache den Knochen, den der Hund frisst.

Halte den Zeiger über **Figur wählen**, aber klick noch nicht.

Klicke mit der Maus auf den Pinsel.

Klicke **In Rastergrafik umwandeln** an.

Male einen Knochen, der den Malbereich fast völlig ausfüllt.

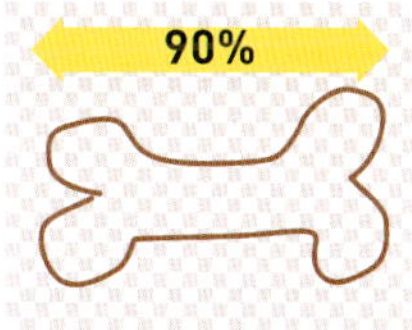

Fülle den Knochen mit Farbe.

6 Verkleinere den Knochen, indem du die Größe auf 20 setzt.

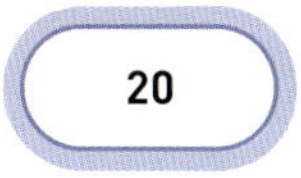

7

Klicke auf **Skripte** und ziehe die folgenden Codeblöcke in den Skript-Bereich. Dieser Code ist für die Knochen-Figur (achte darauf, sie auszuwählen und nicht den Hund).

Sobald die **grüne Flagge** angeklickt wird, startet der Code.

Der Knochen muss bei Spielbeginn sichtbar sein.

Diese 3 Zeilen werden fortlaufend wiederholt:

Prüfe, ob der Knochen Dog2 berührt:

Falls ja, addiere 1 zum Punktestand … . .

. . und versteck den Knochen.

8 Nun sorgen wir dafür, dass unser Hund mehr Knochen fressen kann. Klicke **rechts** auf den Knochen auf der Bühne und wähle **Duplizieren**. Erstelle so fünf Knochen.

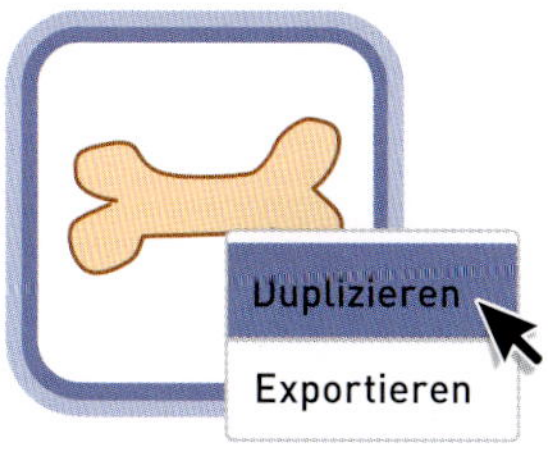

9

Teste den Code. Erhöht sich der Punktestand um 1, wenn der Hund Knochen frisst?

FANG DEN DONUT

Wahrscheinlich kennst du solche Spiele schon. Der Spieler muss die fallenden Donuts fangen. Bei jedem gefangenen Donut bekommt er 1 Punkt. Diese Punkte speichern wir in einer Variablen. Wir begrenzen die Zeit mit einer Stoppuhr, sodass er in 30 Sekunden möglichst viele Donuts fangen muss. Das Zeitlimit motiviert die Spieler, ihre höchste Punktzahl zu verbessern.

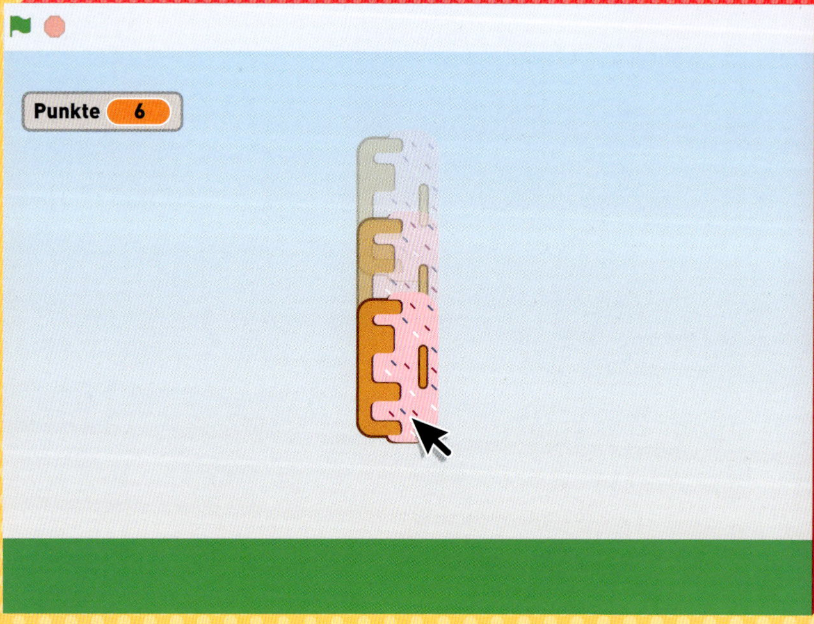

1 Öffne eine neue Scratch-Datei und lösche die Katze, indem du sie mit rechts anklickst und dann auf **Löschen** klickst.

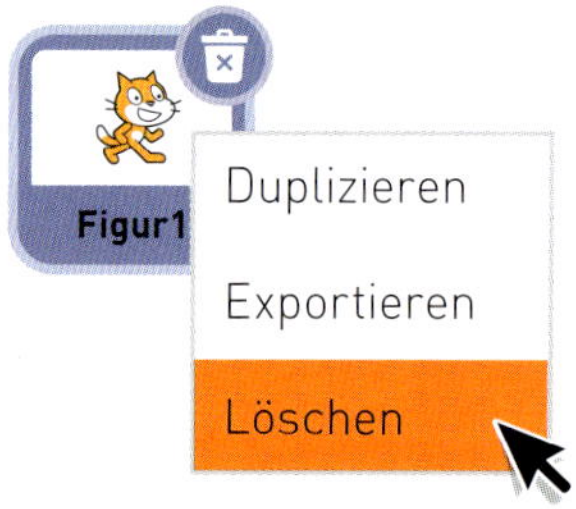

2 Nimm über den Button **Figur wählen** einen Donut.

Scrolle die Figuren durch und klicke auf den **Donut**.

3 Erstelle eine Variable namens **Punkte**. Brauchst du hierbei Hilfe, schau auf Seite 26 nach.

4 Ziehe die folgenden Codeblöcke in den Skript-Bereich. Der Block **Zufallszahl** steht (zusammen mit anderen grünen Blöcken) in der Gruppe **Operatoren**. Dieser Block kommt in die Öffnung für die x-Koordinate.

```
wenn [grüne Flagge] angeklickt
setze [Punkte] auf (0)
setze Stoppuhr zurück
setze Richtung auf (180)
gehe zu x: (Zufallszahl von (-200) bis (200)) y: (105)
wiederhole bis <(Stoppuhr) > (30)>
    gehe (5) er-Schritt
    falls <wird [Rand] berührt?>, dann
        gehe zu x: (Zufallszahl von (-200) bis (200)) y: (105)
sage (verbinde [Zeit abgelaufen! Du hast] (Punkte))
```

Sobald die **grüne Flagge** angeklickt wird, startet der Code.

Setze zu Spielbeginn den Punktestand auf 0.

Setze zu Spielbeginn die Stoppuhr auf 0 Sekunden.

Drehe den Donut, dass er auf dem Bildschirm nach unten fällt.

Platziere den Donut oben auf der Bühne auf einer zufälligen Position.

Wiederhole die folgenden Befehle, bis 30 Sekunden abgelaufen sind:

In jeder Schleife soll der Donut fünf Schritte machen.

Wenn der Donut den Bildschirmrand erreicht:

Bewege den Donut an eine zufällige Position oben auf der Bühne.

Diese Zeile wird nach 30 Sekunden gestartet:
Zeige einen Satz, der „Zeit abgelaufen! Du hast" mit den **Punkten** verbindet.

5 Klicke auf die **grüne Flagge**, um den Code zu testen. Die Donuts sollten zufällig herabfallen. Aber die Punkte sollen ja steigen, wenn wir Donuts anklicken. Also klicke auf **Skripte** und ziehe diese Codeblöcke in den Skript-Bereich:

```
wenn ich angeklickt werde
ändere [Punkte] um (1)
gehe zu x: (Zufallszahl von (-200) bis (200)) y: (105)
```

Sobald der Donut angeklickt wird, startet dieser Code.

Zähle den Punktestand um 1 hoch.

Bewege den Donut oben auf der Bühne an eine zufällige Position.

EXPERIMENTE

Was passiert, wenn du den Wert **30** in diesem **wiederhole bis**-Block änderst? Denke daran: **>** bedeutet „größer als".

```
wiederhole bis <(Stoppuhr) > (30)>
```

Probiere mal eine andere Zahl aus als die **5** in diesem Codeblock. Wie ändert sich das Spiel dadurch?

```
gehe (5) er-Schritt
```

WOLKEN JAGEN

Bei diesem Spiel lenkst du einen Doppeldecker, der durch Drehungen gesteuert wird, ähnlich wie das Auto in *Kurvenfahrt* auf S. 18. Sobald das Flugzeug durch eine Wolke fliegt, bekommst du einen Punkt. Doch damit das Spiel mit steigenden Punktzahlen schwerer wird, beschleunigt das Flugzeug immer mehr. Mit einer Animation lassen wir den Propeller drehen.

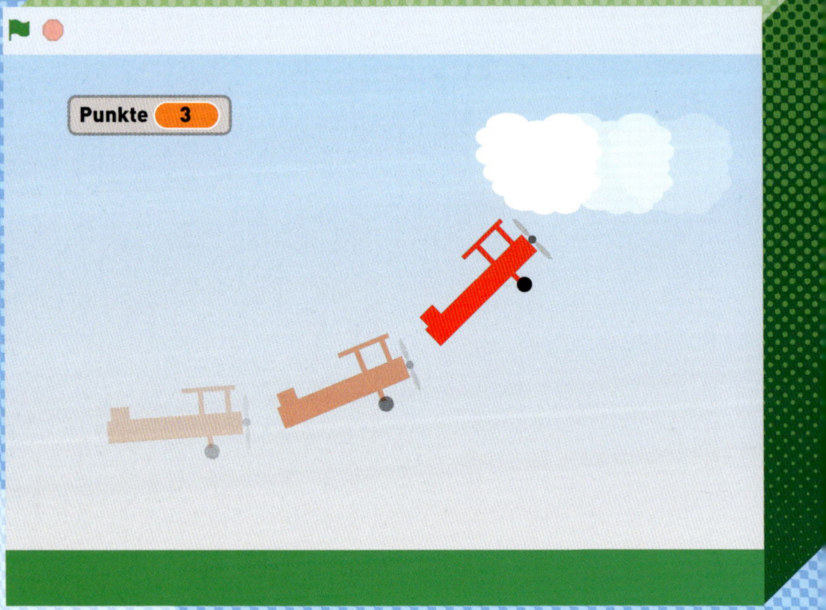

1 Öffne eine neue Scratch-Datei. Lösche die Katze:

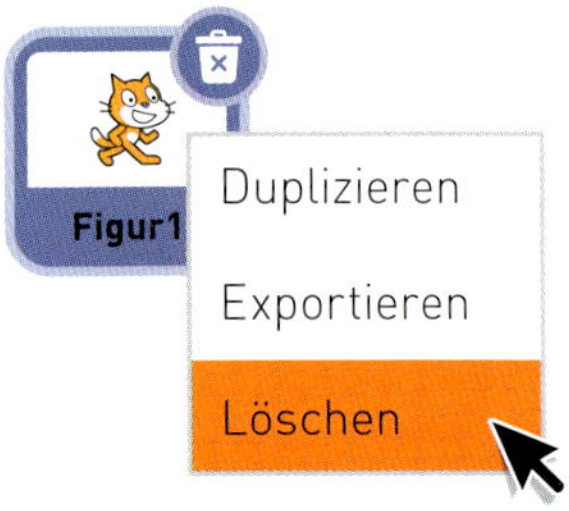

2 Klicke **Bühnenbild wählen** und dann **In Rastergrafik umwandeln** an. Male Himmel und Boden mit dem **Rechteck**-Werkzeug.

3 Halte für das Flugzeug die Maus über **Figur wählen**.

Klicke jetzt auf das Pinsel-Symbol und dann auf **In Rastergrafik umwandeln**.

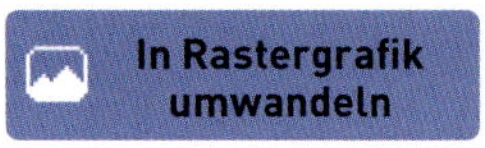

Wähle das **Rechteck**-Werkzeug.

Male sechs rote Rechtecke. Das erste soll etwa drei Viertel der Breite des Malbereichs ausfüllen:

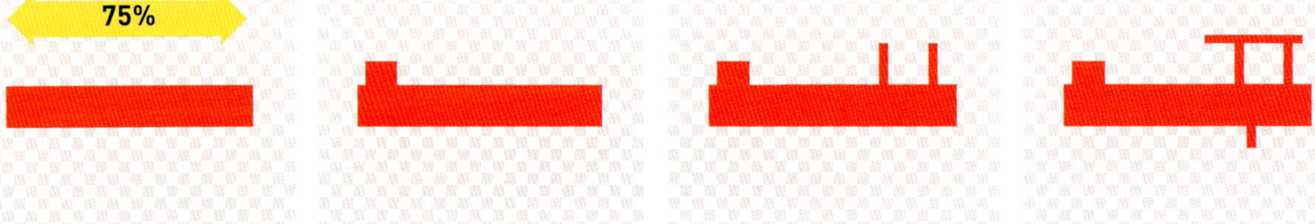

4 Male mit dem **Ellipsen**-Werkzeug den oberen Propeller und das Rad.

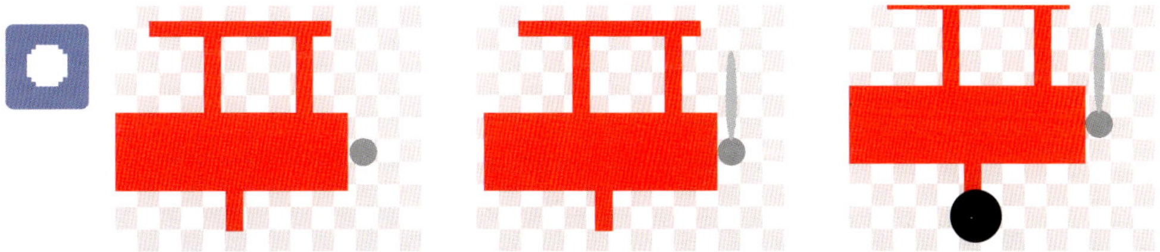

5 Dann erstelle ein weiteres **Kostüm** für den Doppeldecker, damit es so aussieht, als würde sich der Propeller drehen.

Dafür schlage noch einmal die Seite 27 auf und folge den Anweisungen im Kasten **Animationen erstellen**.

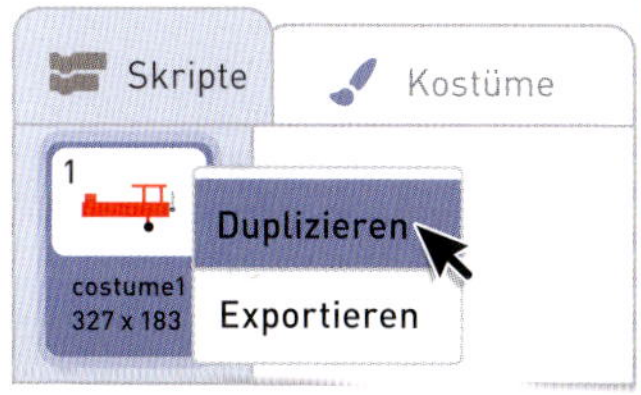

6 Ziehe diese Codeblöcke in den Skript-Bereich. Du brauchst eine Variable aus der **Daten**-Gruppe namens Punkte (siehe S. 28, Box 3). Wie du in **wird Farbe ... berührt?** die Farbe änderst oder x- und y-Koordinaten setzt, lernst du auf S. 11.

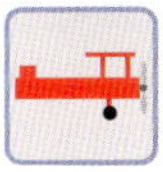

Sobald die **grüne Flagge** angeklickt wird, startet der Code.

Setze zu Spielbeginn den Punktestand auf 0.

Verkleinere das Flugzeug auf 15 %.

Zu Beginn ist es nach rechts gedreht.

Starte mit dem Flugzeug auf dem Bildschirm links unten (vielleicht musst du den y-Wert anpassen, damit es nie vom Boden startet).

Der Code soll ausgeführt werden, bis das Flugzeug zu Boden geht:

Zeige das nächste Kostüm (das nächste Animationsbild).

Bewege das Flugzeug 2 Schritte. Mit steigender Punktzahl fliegt es schneller.

Wenn es an den rechten Rand kommt, dann:

Bewege es zurück zum linken Rand.

Dieser Code wird ausgeführt, wenn der Spieler eine Bruchlandung macht:
Zeige den Satz, in dem „Deine Punkte:" " und die **Punkte**-Variable verbunden werden.

7 Baue diese beiden Blockgruppen ein, damit sich das Flugzeug bei Tastendruck nach links oder rechts dreht:

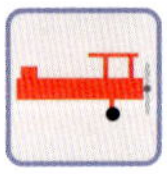

```
wenn Taste [Pfeil nach oben ▾] gedrückt
drehe dich um ↺ (15) Grad
```

```
wenn Taste [Pfeil nach unten ▾] gedrückt
drehe dich um ↻ (15) Grad
```

8 Halte die Maus über **Figur wählen** und klicke auf den Pinsel, dann auf **In Rastergrafik umwandeln**.

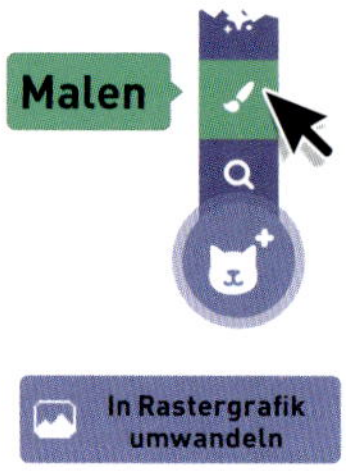

Male mit dem **Pinsel**-Werkzeug eine Wolke, die fast den gesamten Malbereich einnimmt.

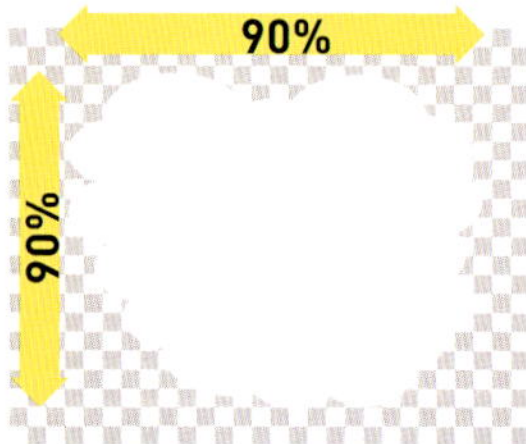

9 Klicke auf den Reiter **Klänge** oben in der Mitte des Bildschirms.

Klicke auf **Klang wählen**.

Scroll nach unten und klicke auf **Water drop**.

Klicke auf den Reiter **Skripte**. Die Wolke bekommt den folgenden Code.

```
wenn ⚑ angeklickt
setze Größe auf (20) %
wiederhole fortlaufend
    gehe (-1) er-Schritt
    falls <wird [Rand ▾] berührt?>, dann
        setze x auf (216)
    falls <wird [Figur1 ▾] berührt?>, dann
        gehe zu x: (216) y: (Zufallszahl (-120) bis (140))
        ändere [Punkte ▾] um (1)
        spiele Klang [Water drop ▾] ganz
```

Sobald die grüne **Flagge** angeklickt wird, startet der Code.

Verkleinere die Wolke auf 20%.

Spiele diesen Code fortlaufend in einer Schleife ab:

Bewege die Wolke nach links.

Wenn die Wolke den linken Rand erreicht, dann:

Bewege die Wolke an den rechten Bühnenrand.

Wenn die Wolke die Flugzeug-Figur berührt, dann:

Bewege die Wolke an eine andere zufällige Stelle (vielleicht musst du den y-Wert anpassen, damit die Wolke nie auf dem Boden erscheint).

Zähle den Punktestand um 1 hoch.

Spiele einen Klang.

Teste nun den Code.

EXPERIMENTE

- Was passiert, wenn du die Zahl 15 im Block **drehe dich um 15 Grad** (in Schritt 7) änderst? Probiere mal kleine Zahlen wie 1 oder 2 oder große wie 30 aus. Wird das Spiel nun schwerer oder leichter?

```
wenn Taste [Pfeil nach oben ▾] gedrückt
drehe dich um ↺ (15) Grad
```

```
wenn Taste [Pfeil nach unten ▾] gedrückt
drehe dich um ↻ (15) Grad
```

- Ändere die Zahl -1 im Code **gehe -1 er-Schritt**, der die Wolke steuert. Probiere größere oder kleinere Zahlen aus. Was passiert, wenn die Zahl nicht negativ, sondern positiv ist?

- Ändere in Schritt 9 die Werte für **Zufallszahl zwischen –120 bis 140**. Was passiert mit der Wolke?

```
falls <wird [Figur1 ▾] berührt?>, dann
  gehe zu x: (216) y: Zufallszahl (-120) bis (140)
```

ZUSATZAUFGABEN

- Ändere die Zählung, sodass der Punktestand immer um 10 Punkte hochgeht, sobald du eine Wolke triffst.
- Erstelle eine Melodie für den Spielbeginn und nimm dafür die Blöcke **spiele Klang**.
- Stelle Bäume und Gebäude in den Hintergrund, damit dein Spiel interessanter aussieht.
- Baue eine Stoppuhr in dein Spiel ein. Auf Seite 31 findest du Tipps, wie du das machen kannst.
- Gib deiner Wolke eine Animation, damit sie wächst und schrumpft. Auf Seite 27 erfährst du, wie Animationen gemacht werden.
- Lasse die Wolke auch mal in eine zufällige Richtung schweben. Tipp: Füge in den Code aus Schritt 9 über den **ändere Punkte**-Block einen **setze Richtung auf**-Block ein. Mit einem **Zufallszahl**-Block gibst du den Winkel an.
- Gestalte ein eigenes Flug- oder Schwimmspiel. Du kannst z.B. einen Haifisch durch treibende Algen schwimmen lassen.

LEVEL -3- SPIELE

Auf diesem Level werden die Bewegungen der Figuren interessanter. Wir lassen sie in unterschiedlichem Tempo steigen oder sinken. Dafür setzen wir Variablen ein. Damit die Spiele sensibler werden, testen wir auf komplexere Weise die Position der Figuren.

KOMPLEXE BERÜHRUNGSTESTS

Wir haben bereits mit den **wird Farbe berührt?**-Blöcken aus der Gruppe **Fühlen** auf Berührungen (Kollisionen) getestet. Bei Snake (S. 44) testen wir, ob die Schlange ihren eigenen Körper berührt. Das könnten wir lösen, indem wir prüfen, ob der Kopf der Schlange Grün, also die Farbe ihres Körpers berührt.

```
wiederhole bis <wird Farbe [ ] berührt?>
    gehe (4) er-Schritt
```

Aber dann wird sich die Schlange nie bewegen, denn der hintere Teil des Kopfes berührt immer den (grünen) Körper. Stattdessen wollen wir wissen, ob die Zunge den Körper berührt. Also programmieren wir, ob etwas Rotes von der Figur etwas Grünes auf der Bühne berührt:

```
wiederhole bis <Farbe [ ] berührt [ ] ?>
    gehe (4) er-Schritt
```

Wir müssen auch prüfen, ob die Schlange den Bühnenrand erreicht hat. Dafür verwenden wir einen **oder**-Block aus der **Operatoren**-Gruppe. Der Code besagt Folgendes: Bewege dich solange, bis die Schlange auf ihren Schwanz trifft oder den Bühnenrand berührt.

```
wiederhole bis < >
    < > oder < >
```

Zum Anfang ziehst du einen **oder**-Block in den **wiederhole bis** -Block (ziehe ihn von links herein).

```
wiederhole bis < > oder < >
    <Farbe [ ] berührt [ ] ?>
```

Ziehe den Block **Farbe1 berührt Farbe2?** In die linke Öffnung des **oder**-Blocks. Stelle die Farben ein (siehe Seite 11).

```
wiederhole bis <Farbe [ ] berührt [ ] ?> oder < >
    <wird [Rand ▾] berührt?>
```

Ziehe einen **wird Rand berührt?**-Block in die rechte Öffnung.

TEST AUF POSITION

Beim *Pingpong*-Spiel (S. 46) müssen wir testen, ob ein Punkt erzielt wurde. Dafür prüfen wir, wo sich der Ball befindet.

Wenn seine x-Koordinate größer als 210 ist, ist er fast auf der rechten Seite angekommen, und der rote Spieler muss einen Punkt erhalten.

So erstellen wir diesen Code:

```
falls < > , dann
    <[ ] > [ ]>
```

Ziehe einen **größer als**-Block aus der **Operatoren**-Gruppe in einen **falls ... dann**-Codeblock.

```
falls <[ ] > [ ]> , dann
    (x-Position)
```

Ziehe einen **x-Position**-Block in die linke Öffnung des **größer als**-Blocks (steht in der Gruppe Bewegung).

```
falls <(x-Position) > [210]> , dann
```

Tippe 210 in die rechte Öffnung des **größer als**-Blocks.

WEITERE MÖGLICHKEITEN FÜR VARIABLEN

Nun werden wir mit Variablen (siehe S. 26) das Tempo von Figuren speichern und ändern. So bewegen sie sich auf natürlichere Weise. Bei *Flinker Fisch* und *Helikopterpilot* arbeiten wir mit einer Variablen namens **Tempo**, um die vertikale Geschwindigkeit des Fischs bzw. Helikopters zu speichern, also wie schnell beide sich nach oben oder unten bewegen. Bei positiven Werten gehen sie hoch und bei negativen nach unten.

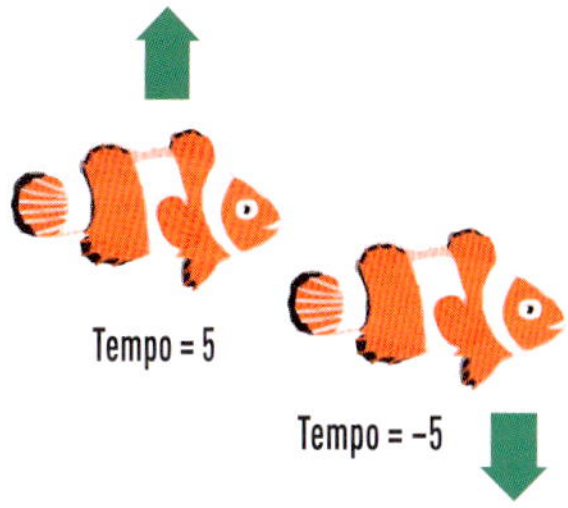


```
wiederhole bis <wird Farbe [braun] berührt?>
    ändere y um (Tempo)
    ändere [Tempo ▾] um (-0.2)
```

Die folgenden Zeilen werden in einer Schleife wiederholt, bis der Fisch die Röhre (braun) berührt:
Bewege den Fisch um den in **Tempo** gespeicherten Wert auf dem Bildschirm nach unten. Also sinkt der Fisch, wenn die Geschwindigkeit sich verringert.
Setze das Tempo herab, damit der Fisch auf dem Bildschirm schneller sinkt.

Bei *Helikopterpilot (S. 40)* setzen wir die **Tempo**-Variable auch dazu ein, den Winkel des Helikopters zu ändern:

```
setze Richtung auf ((90) + ((5) * (Tempo)))
```

Tempo = 0
Bei Tempo = 0 wird er in diese Richtung gedreht:
90 + 5 x 0 =**90**

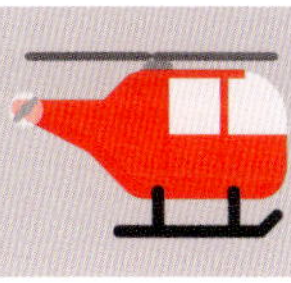

Tempo = 3
Bei Tempo = 3 wird er in diese Richtung gedreht:
90 + 5 x 3 = **105**

Tempo = –3
Bei Tempo = -3 wird er in diese Richtung gedreht:
90 + 5 x –3 = **75**

Schauen wir uns nun genauer an, wie der Codeblock **setze Richtung auf** erstellt wird:

```
setze Richtung auf (90)  ← (( ) + ( ))
```

Klicke auf die Gruppe **Operatoren** und ziehe einen **Addieren**-Codeblock heraus (ziehe ihn von links hinein).

```
setze Richtung auf ((90) + ( ))
```

Tippe **90** auf der linken Seite des **Addieren**-Blocks ein. setze Richtung auf 90 bedeutet „nach rechts drehen".

```
setze Richtung auf ((90) + ( ))  ← (( ) * ( ))
```

Ziehe einen **Multiplizieren**-Codeblock (*) heraus. Das Sternchen * bedeutet „Multiplizieren". Tippe **5** in die linke Seite des Multiplizieren-Blocks.

```
setze Richtung auf ((90) + ((5) * ( )))  ← (Tempo)
```

Tippe nicht das Wort Tempo, sondern ziehe den Tempo-Block in die **Daten**-Gruppe.

VARIABLEN MIT KLANGEFFEKTEN KOMBINIEREN

Wir können spannende Klangeffekte schaffen, indem wir Variablen als Wert für die Tonhöhe in einen **spiele Ton**-Block nehmen. Ändert sich die Variable, wird der Ton höher oder niedriger abgespielt. Es kann den Code einer Figur ausbremsen, wenn Klangeffekte in dessen Schleife stehen. Also fügen wir die Klangeffekte bei *Helikopterpilot auf* der Bühne ein:

```
wenn [Fahne] angeklickt
wiederhole fortlaufend
    spiele Ton ((6) + (Tempo)) für (0.1) Schläge
```

Für diesen Effekt ziehst du einen **Addieren**-Block in einen **spiele Ton**-Codeblock.

```
spiele Ton ( ) für (0.1) Schläge  ← (( ) + ( ))
```

In die linke Öffnung tippst du 6.

```
spiele Ton ((6) + ( )) für (0.1) Schläge  ← (Tempo)
```

Ziehe einen Tempo-Block in die rechte Seite.

FLINKER FISCH

Bei diesem horizontalen Spiel lässt du einen Fisch durch Röhrenöffnungen schwimmen. Die Röhren werden so programmiert, dass sie langsam von rechts nach links über den Bildschirm scrollen. Ein Button steuert, wie schnell der Fisch sinkt. Der Spieler bekommt einen Punkt für jede Röhrenöffnung, durch die er schwimmt.

1 Lösche zuerst die Katze. Klicke auf den Button **Bühnenbild wählen** und dann auf **In Rastergrafik umwandeln**. Dann male das Meer und den Boden (siehe S. 24).

2 Klicke auf den **Figur wählen**-. Button. Scrolle die Figuren durch und klicke auf **Fish**.

3 Um die Röhren zu malen, an denen der Fisch vorbeischwimmt, klicke auf den **Figur wählen**-Button. Bewege die Maus zum Pinsel-Symbol und klicke darauf. Klicke auf **In Rastergrafik umwandeln**.

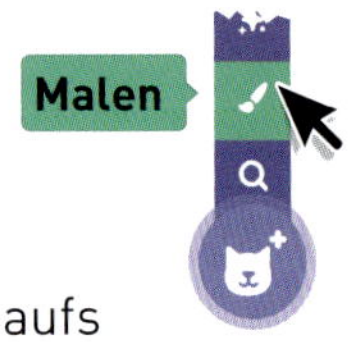

Klicke aufs **Rechteck**-Werkzeug.

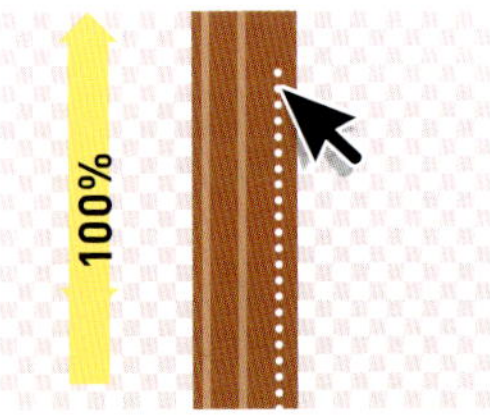

Zeichne im Malbereich von oben nach unten eine schmale braune Röhre.

Mit dem **Linie**-Werkzeug malst du hellbraune Linien.

4

Mit dem **Auswahl**-Werkzeug ziehst du in der Mitte der Röhre einen Rahmen auf.

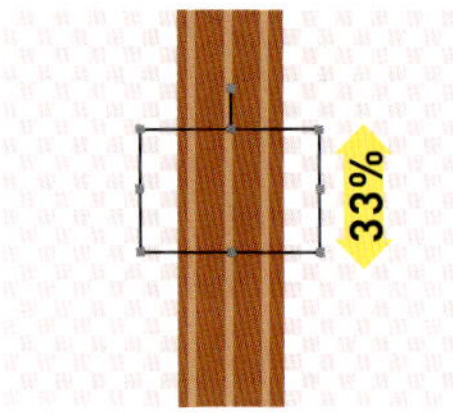

Drücke die **Entfernen**-Taste, um das Innere zu löschen. Achte darauf, dass die Öffnung groß genug ist, damit der Fisch hindurchschwimmen kann.

5

Mit dem **Rechteck**-Werkzeug vervollständigst du die Röhren.

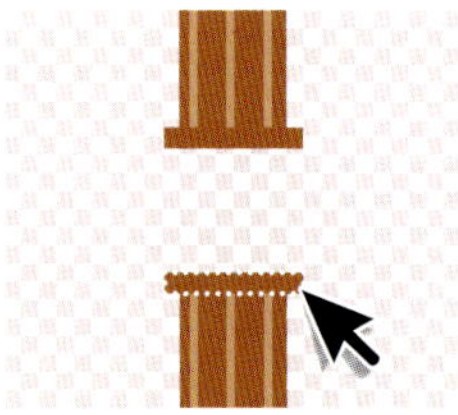

6 Klicke auf **Fish** im Skript-Bereich und dann auf Skripte. Klicke auf den Button **Variablen** und erstelle zwei Variablen. Die eine nennst du **Punkte**, die andere **Tempo**. Auf Seite 37 erfährst du, wie die Tempo-Variable die vertikale Position des Fischs ändert.

Du wählst **Spooky string** aus der **Klangbibliothek** im Reiter **Klänge** oben im Bildschirm. Dann wählst du diesen Klang im Ausklappmenü des **spiele Klang ganz**-Blocks aus.

Mit folgendem Code lässt du den Fisch schwimmen:

```
wenn [Flagge] angeklickt                      — Sobald die grüne Flagge angeklickt wird, startet der Code.
setze [Punkte ▾] auf (0)                      — Setze zu Spielbeginn den Punktestand auf 0.
setze [Tempo ▾] auf (0)                       — Setze zu Spielbeginn das Tempo des Fischs auf 0.
setze Größe auf (60) %                        — Verkleinere den Fisch auf 60%.
gehe zu x: (0) y: (0)                         — Starte den Fisch in der Mitte der Bühne.
wiederhole bis <wird Farbe [braun] berührt?>  — Dieser Code läuft in einer Schleife, bis der Fisch eine braune Röhre berührt:
    ändere y um (Tempo)                       — Lasse den Fisch um den in Tempo gespeicherten Wert auf dem Bildschirm sinken.
    ändere [Tempo ▾] um (-0,2)                — Ändere Tempo, damit der Fisch schneller nach unten sinkt.
end
spiele Klang [spooky string ▾] ganz           — Dieser Klangeffekt wird gespielt, wenn der Fisch etwas Braunes berührt.
```

7 Nun füge diesen Code ein, damit der Fisch nach oben schwimmt, wenn der Spieler die **Leertaste** drückt.

```
wenn Taste [Leertaste ▾] gedrückt wird        — Wenn die Leertaste gedrückt wird:
ändere [Tempo ▾] um (7)                       — Erhöhe das Tempo des Fischs um 7.
spiele Klang [ocean wave ▾]                   — Spiele einen Klang.
```

8 Klicke auf die Röhren im Figuren-Bereich. Füge den folgenden Code ein, damit die Röhren über den Bildschirm scrollen:

```
wenn [Flagge] angeklickt                      — Sobald die grüne Flagge angeklickt wird, startet der Code.
setze Größe auf (200) %                       — Mach die Röhren groß, damit es oben oder unten keine Lücken gibt, wenn wir sie hoch oder runter schieben.
gehe zu x: (240) y: (Zufallszahl (-20) bis (60))  — Starte an einem zufälligen Punkt etwa Mitte rechts auf der Bühne.
wiederhole bis <wird [Fish ▾] berührt?>       — Dieser Code läuft in der Schleife, bis der Fisch die Röhre berührt:
    gehe (-2) er-Schritt                      — Gehe 2 Schritte nach links.
    falls <(x-Position) > (-230)>, dann       — Wenn die Röhren am linken Bühnenrand ankommen, dann:
        gehe zu x: (240) y: (Zufallszahl (-20) bis (60))  — Bewege sie zu einem zufälligen Punkt mittig rechts auf der Bühne.
        ändere [Punkte ▾] um (1)              — Erhöhe den Punktestand, wenn der Fisch durch die Röhrenöffnung schwimmt.
        spiele Klang [bubbles ▾]              — Spiele einen Klang.
    end
end
```

Teste nun den Code.

HELIKOPTERPILOT

Dieses Flugspiel nutzt ähnliche Programmiertechniken wie *Flinker Fisch* (S. 38). Der Spieler steuert einen Helikopter über Wolkenkratzer. Mit einer Variablen wird die Flugrichtung nach oben/unten programmiert. Der Klangeffekt wird mit einer Variablen (siehe S. 37) berechnet, damit er sich bei steigendem Tempo verändert.

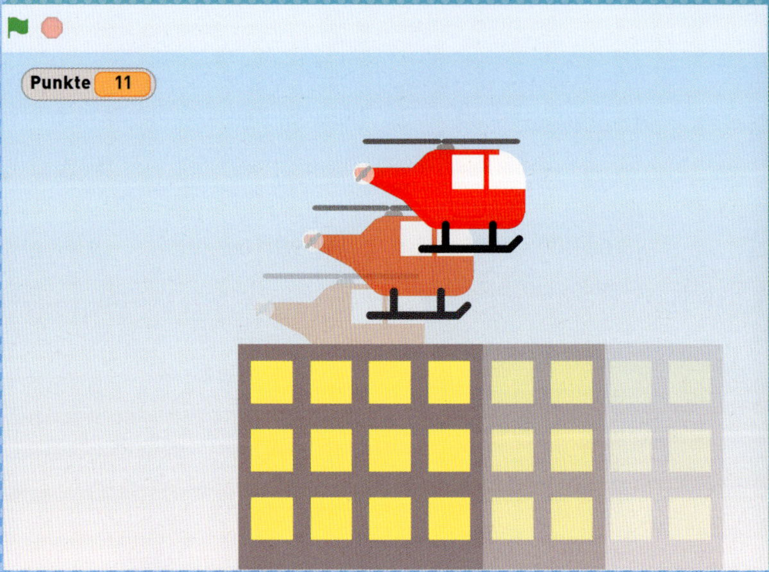

1 Suche das Bild eines Helikopters oder male ein eigenes. Auf *maxw.com/graphics* findest du Helikopter-Cliparts.

Klicke mit rechts auf das Bild und dann auf **Bild speichern unter**.

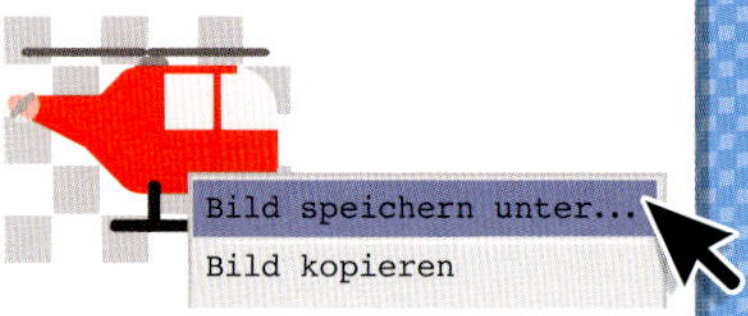

2 Öffne eine neue Scratch-Datei und lösche die Katze. Klicke auf den Reiter **Bühnenbild** wählen und dann auf **In Rastergrafik umwandeln**.

Male den Himmel mit dem Fülleimer-Werkzeug.

3

Halte die Maus über **Figur wählen**.

Bewege die Maus zum Button **Figur hochladen** und klicke darauf.

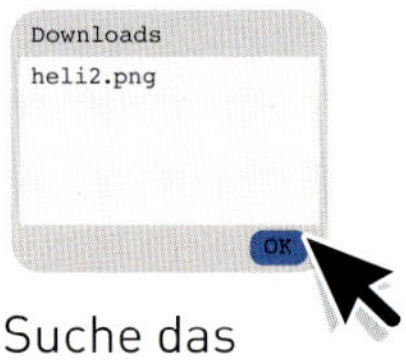

Suche das Helikopter-Bild im Download-Bereich und klicke auf **OK**.

4 Erstelle noch ein Kostüm für den Helikopter, damit es wirkt, als drehe sich der Rotor.
Klicke auf den Reiter **Kostüme** und dann mit **rechts** auf den **Helikopter** (auf einem Mac **Ctrl** drücken).
Klicke auf Duplizieren, und du hast das zweite Kostüm.

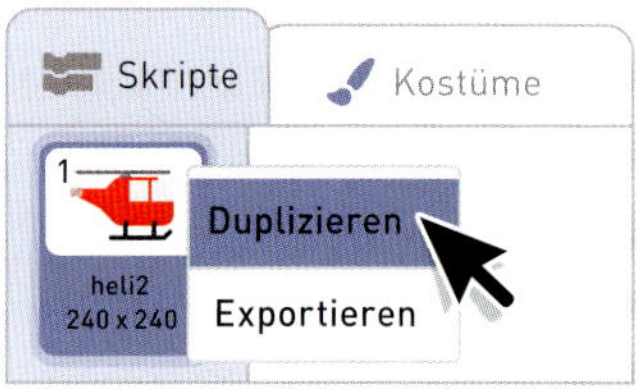

5 Klicke aufs **Auswahlwerkzeug**. Ziehe einen Rahmen um den Rotor. Klicke auf den Button **Vertikal spiegeln**

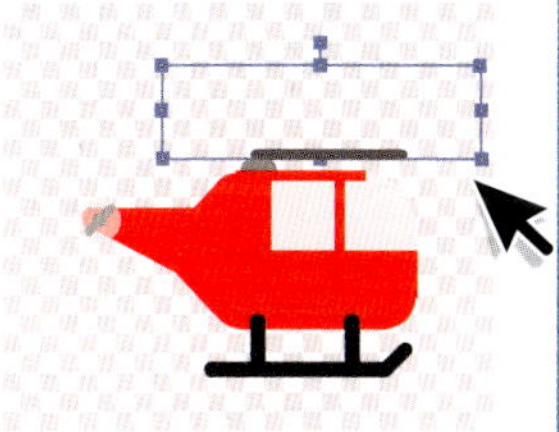

6 Halte die Maus über **Figur wählen**. Bewege die Maus zum Pinsel-Symbol und klicke darauf. Klicke nun auf **In Rastergrafik umwandeln**.

Male nun mit dem **Rechteck**-Werkzeug einen großen Wolkenkratzer mit erleuchteten Fenstern.

7  Klicke im Figuren-Bereich den **Helikopter** an Dann klicke auf den Reiter **Skripte**. Erstelle in der **Variablen**-Gruppe zwei Variablen: eine heißt **Punkte** und die andere **Tempo**.

Nun erstelle diesen Code. Auf Seite 37 erfährst du, wie die **Tempo**-Variable den Flug des Helikopters beeinflusst.

```
wenn [grüne Flagge] angeklickt
setze [Punkte ▾] auf (0)
setze Größe auf (50) %
setze [Tempo ▾] auf (0)
gehe zu x: (-50) y: (0)
wiederhole bis <wird [Rand ▾] berührt?>
    wechsle zum nächsten Kostüm
    ändere [Tempo ▾] um (-0,1)
    falls <Taste [Pfeil nach oben ▾] gedrückt?>, dann
        ändere [Tempo ▾] um (0,5)
    setze Richtung auf ((90) + ((5) * (Tempo)))
    ändere y um (Tempo)
sende Nachricht [Game Over! ▾]
```

- Sobald die grüne **Flagge** angeklickt wird, startet der Code.
- Setze zu Spielbeginn den Punktestand auf 0.
- Verkleinere den Helikopter auf 50%.
- Setze zu Spielbeginn das Tempo des Helikopters auf 0.
- Starte den Helikopter etwa in der Mitte der Bühne.
- **Dieser Code läuft in einer Schleife, bis der Helikopter den Rand berührt:**
  - Lass die Rotoranimation laufen, indem das nächste Kostüm gezeigt wird.
  - Reduziere ganz sacht das vertikale Tempo.
  - **Wird die Pfeil-nach-oben-Taste gedrückt:**
  - Erhöhe das vertikale Tempo. Die Bewegung wirkt glatter, wenn dieser Wert nur wenig erhöht wird.
  - Hier wird der Helikopter um 90 Grad gedreht, wenn das Tempo 0 ist. Steigt der **Tempo**-Wert, wird der Helikopter immer mehr nach unten gerichtet.
  - Bewege den Helikopter nach oben, wenn sein Tempo hoch ist, oder nach unten, wenn es eine negative Zahl ist.
- Wenn der Helikopter den Rand erreicht, wird die Nachricht Game over! gesendet, damit die anderen Figuren wissen, dass sie stoppen sollen.

```
wenn ich [Game Over! ▾] empfange
sage [Game Over!]
```

- Trifft der Helikopter ein Hochhaus, bekommt es eine Nachricht, damit dieser Code gestartet wird:
- Zeige eine Sprechblase mit „Game over!".

8 Klicke auf das **Hochhaus** im Figuren-Bereich. Füge diesen Code ein:

wenn [grüne Flagge] angeklickt	Beim Klick auf die grüne **Flagge** startet der Code.
gehe zu x: (300) y: (-250)	Weit unten rechts erscheint der erste Wolkenkratzer.
wiederhole bis < wird [Helikopter ▾] berührt? >	**Die Schleife läuft, bis der Helikopter berührt wird:**
ändere x um (-3)	Bewege Wolkenkratzer langsam nach links.
falls < (x-Position) > (-300) >, dann	**Wenn er links angekommen ist:**
gehe zu x: (300) y: (Zufallszahl (-80) bis (-280))	Bewege ihn nach rechts und gib y einen Zufallswert.
ändere [Punkte ▾] um (1)	Erhöhe die Punktzahl.
sende Nachricht [Game Over! ▾]	Kollidieren die Figuren, sende Nachricht, sodass der Helikopter weiß, er hat einen Wolkenkratzer getroffen.

Ändere -300 auf -260 oder -200, falls der Wolkenkratzer links hängenbleibt.

9 Füge die neue Musik-Erweiterung ein (S. 23 zeigt, wie das geht).

10 Klicke neben dem Figuren-Bereich auf die **Bühne** und ergänze diesen Code:

wenn [grüne Flagge] angeklickt	Beim Klick auf die grüne **Flagge** startet der Code.
wiederhole fortlaufend	**Starte diesen Code in fortlaufender Schleife:**
spiele Ton ((6) + (Tempo)) für (0.1) Schläge	Spiele einen Klangeffekt. Erhöhe die Tonlage, wenn der Wert für **Tempo** steigt.
wenn ich [Game Over! ▾] empfange	Wenn der Helikopter ein Hochhaus trifft, sendet es eine Nachricht, sodass dieser Code gestartet wird:
spiele Klang [pop ▾] ganz	Spiele einen Klangeffekt.
stoppe [alles ▾]	Stoppe die Ausführung des Codes.

Probiere ähnliche Klangeffekte für die Bühne auch bei anderen Spielen.

Teste nun den Code.

EXPERIMENTE

- Ändere in Schritt 6 den Wert, um den das **Tempo** beim Drücken der **Pfeil-nach-oben**-Taste im Block ändere Tempo um 0.5 geändert wird. Probiere größere oder kleinere Werte wie 0.7 oder 0.3.

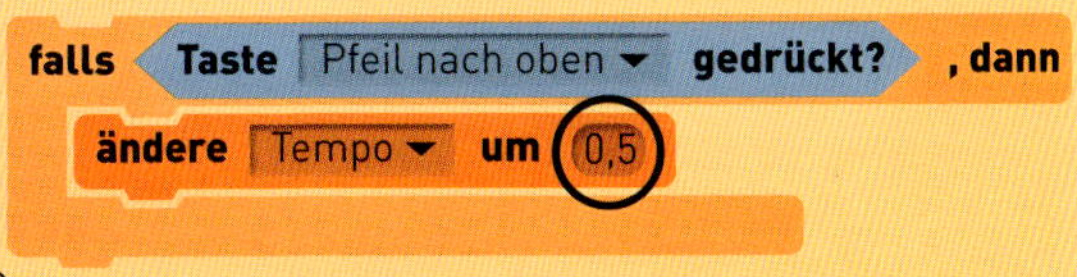

- Ebenfalls Schritt 6: Ändere die 5 im Block **setze Richtung auf 90 + 5 * Tempo**. Nimm mal Zahlen wie 3 oder 7. Wirkt das Spiel so realistischer? Ändert sich die Art und Weise, wie sich der Helikopter bewegt?

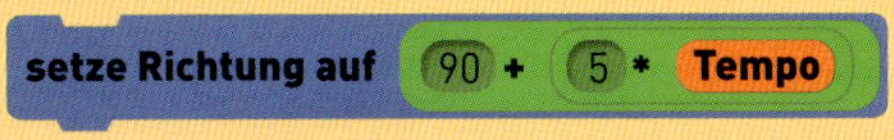

- Experimentiere mit den Werten der Klangeffekte, die der Bühne zugeordnet sind (Schritt 8). Kannst du die Tonhöhe für den Klang erhöhen oder senken? Wirkt das Spiel dadurch realistischer?

ZUSATZAUFGABEN

- Versuche, auch das Rotorblatt am Heck des Helikopters rotieren zu lassen. Tipp: Spiegele die Rotorblätter so wie in Schritt 4.
- Gib die Punktzahl bei Spielende aus.
- Lass den Wolkenkratzer schneller werden, wenn sich der Punktestand erhöht. Tipp: Bearbeite dafür in Schritt 7 den Block **ändere x um -3**.
- Erstelle eine Melodie, die bei Spielbeginn läuft, und eine andere, die abgespielt wird, sobald der Helikopter den Wolkenkratzer trifft.
- Baue eine Stoppuhr ins Spiel ein. Auf Seite 31 findest du Tipps dazu.
- Schalte im Wolkenkratzer beim Spielen über eine Animation die Lichter in den Fenstern ein und aus.
- Erstelle ein eigenes Helikopterspiel. Was wäre das Ziel deines Spiels? Mit welchem Bühnenbild würdest du arbeiten? Gibt es neben dem Helikopter noch andere Figuren? Wirst du Variablen einsetzen?

SNAKE

Das Ziel des Spiels ist, dass die Schlange nicht mit sich selbst zusammenstößt. Um sie in vier Richtungen schlängeln zu lassen, nutzen wir das gleiche Konzept wie beim *Irrgarten* (Seite 16). Damit ihr Körper immer länger wird, malen wir eine Linie auf die Bühne, während sie sich bewegt. Dann bauen wir Code ein, der prüft, ob die Schlange diese Linie getroffen hat.

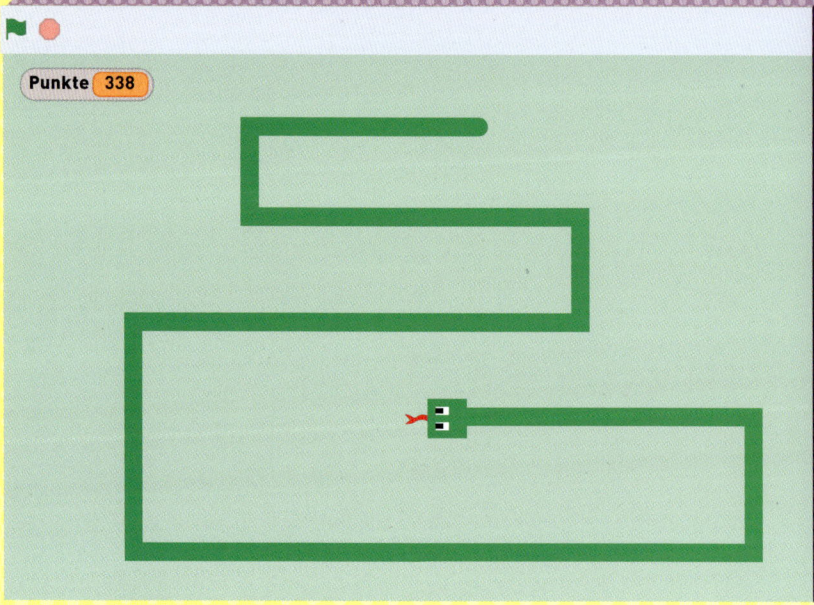

1 Öffne eine neue Scratch-Datei und lösche die Katze.

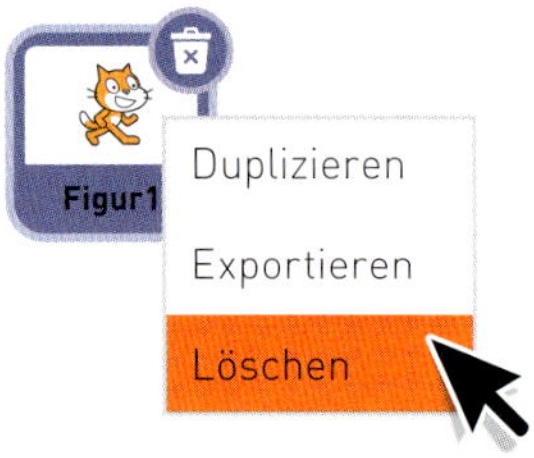

2 Halte die Maus über **Figur wählen.** Bewege die Maus zum Pinsel-Symbol und klicke darauf. Klicke **In Rastergrafik umwandeln** an.

Wähle das **Rechteck**-Werkzeug und dann die Farbe Grün.

3 Mache ein großes Quadrat, das etwa halb so groß ist wie der Malbereich. Es muss genau in der Mitte stehen.

Nimm für die Augen der Schlange weiße und schwarze Rechtecke.

Mit dem **Pinsel**-Werkzeug malst du eine rote Zunge.

Fülle die Zunge mit rot.

Rückgängig

Die Schlange malt eine grüne Linie (ihren Körper), wenn sie sich bewegt. In Schritt 5 prüfen wir, ob ihre rote Zunge diese grüne Linie berührt.

4

Klicke auf **Skripte** und gib der Schlangen-Figur diesen Code.

Denke daran, dass du Code für alle vier Richtungen brauchst.

```
wenn Taste [Pfeil nach oben ▾] gedrückt
setze Richtung auf (0 ▾)
```

Starte diesen Code, wenn die Taste „Pfeil nach oben" gedrückt wird: Nach oben drehen (0 Grad).

```
wenn Taste [Pfeil nach links ▾] gedrückt
setze Richtung auf (-90 ▾)
```

```
wenn Taste [Pfeil nach rechts ▾] gedrückt
setze Richtung auf (90 ▾)
```

```
wenn Taste [Pfeil nach unten ▾] gedrückt
setze Richtung auf (180 ▾)
```

Teste nun den Code.

5

Füge zuerst die Musik- und die Malstift-Erweiterung ein (S. 23 zeigt, wie das geht). Erstelle eine Variable namens **Score** und gib deiner Schlangen-Figur dann folgenden Code. Um die Farben für **setze Stiftfarbe auf** zu ändern, klicke in die richtige Blocköffnung und dann auf der Bühne entweder auf den Schlangenkopf oder ihre Zunge.

```
wenn ⚑ angeklickt
setze [Punkte ▾] auf (0)
verstecke dich
setze Größe auf (10) %
gehe zu x: (0) y: (111)
lösche alles
setze Instrument auf (16 ▾)
wiederhole (3) mal
    spiele Note (60 ▾) für (0.25) Schläge
    spiele Ton (64 ▾) für (0.1) Schläge
zeige dich
schalte Stift ein
setze Stiftfarbe auf [grün]
setze Stiftdicke auf (12)
setze Richtung auf (-90 ▾)
wiederhole bis <<Farbe [rot] berührt [grün]?> oder <wird [Rand ▾] berührt?>>
    gehe (4) er-Schritt
    ändere [Punkte ▾] um (1)
wiederhole (3) mal
    spiele Ton (48 ▾) für (0.25) Schläge
    spiele Ton (36 ▾) für (0.1) Schläge
sage (verbinde [Deine Punkte:] (Punkte)) für (5) Sek.
```

- wenn ⚑ angeklickt: Beim Klick auf die grüne **Flagge** startet der Code.
- setze Punkte auf 0: Setze zu Spielbeginn den Punktestand auf 0.
- verstecke dich: Verstecke die Schlange, damit sie keine Linie malt und sie für uns unsichtbar ist.
- setze Größe auf 10 %: Verkleinere den Schlangenkopf auf 10%.
- gehe zu x: 0 y: 111: Starte die Schlange in der Mitte der Bühne oben.
- lösche alles: Lösche die Bühne (sie wird Teile der Schlange vom vorigen Spiel enthalten).
- setze Instrument auf 16: Nimm für die Melodie das Vibraphon.
- wiederhole 3 mal: **Wiederhole diese Töne dreimal:**
  - Spiele einen Vierteltakt lang ein C.
  - Spiele einen Zehnteltakt lang ein E.
- zeige dich: Zeige den Schlangenkopf.
- schalte Stift ein: Schalte den Malstift ein, damit er den Körper malt, wenn sich der Schlangenkopf auf der Bühne bewegt.
- setze Stiftfarbe auf: Male den Körper in grün.
- setze Stiftdicke auf 12: Setze die Stiftdicke der grünen Linie auf 12 (Pixel).
- setze Richtung auf -90: Lasse den Kopf der Schlange zu Beginn nach rechts schauen.
- wiederhole bis: **Wiederhole diesen Code, bis entweder Rot (die Zunge) Grün (den Körper) berührt ODER die Schlange den Rand berührt:**
  - Bewege den Schlangenkopf.
  - Erhöhe die Punktzahl.
- wiederhole 3 mal: **Falls die Schlange sich selbst trifft, spiele dreimal diese Tonfolge ab:**
  - Spiele einen Vierteltakt lang ein tiefes C.
  - Spiele einen Zehnteltakt lang ein tiefes E.
- sage: Zeige Satz, in dem „Deine **Punkte**:" und die Punkte-Variable verbunden sind.

Teste nun den Code.

PINGPONG

Dieses Spiel ähnelt *Pong*, einem der ersten Computerspiele überhaupt. Man spielt es zu zweit. Einer steuert mit der Maus den roten Schläger, der andere mit den Tastaturpfeilen den blauen Schläger. Verfehlt man einen Ball, bekommt der Gegner einen Punkt.

1 Öffne in Scratch eine neue Datei. Klicke **rechts** auf die Katze und klicke auf **Löschen**.

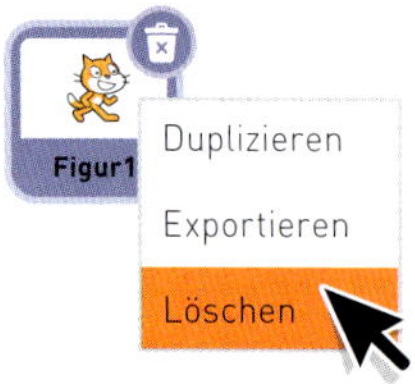

2 Klicke auf **Bühnenbild wählen** und dann auf **In Rastergrafik umwandeln**. Erstelle mit dem **Fülleimer**-Werkzeug einen grünen Hintergrund.

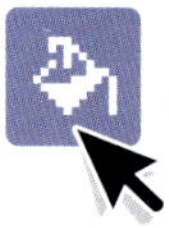

3 Klicke auf das Symbol **Figur wählen**. Scrolle durch die Figuren und klicke dann auf den **Ball**.

4 Halte die Maus über **Figur wählen**. Bewege die Maus zum Pinsel-Symbol und klicke darauf. Klicke auf **In Rastergrafik umwandeln**.

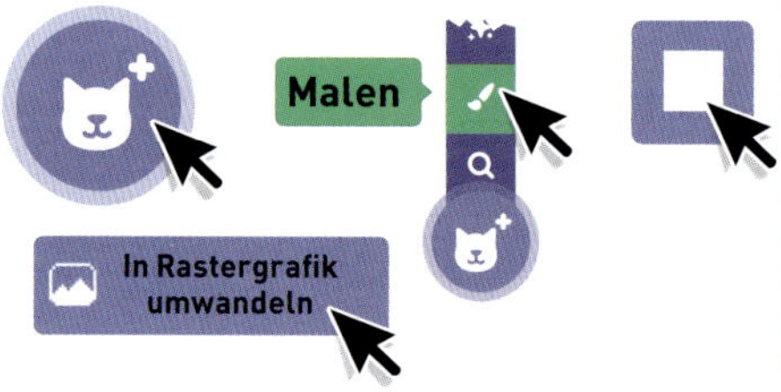

Male dann mit dem **Rechteck**-Werkzeug ein rotes Rechteck, das den Malbereich etwa zur Hälfte ausfüllt. Das soll der eine Schläger sein.

5

Dupliziere den roten Schläger, um den blauen in gleich groß zu machen. Klicke im Figuren-Bereich mit **rechts** auf den roten Schläger und wähle **Duplizieren**.

6

Klicke auf die neue Figur und dann auf den Reiter **Kostüme**. **Fülle** ihn mit Blau.

7

Gib **Figur1** einen Namen, um sie zu unterscheiden. Klicke in der Infobox der Figur auf **Sprite1** und tippe **Rot.**

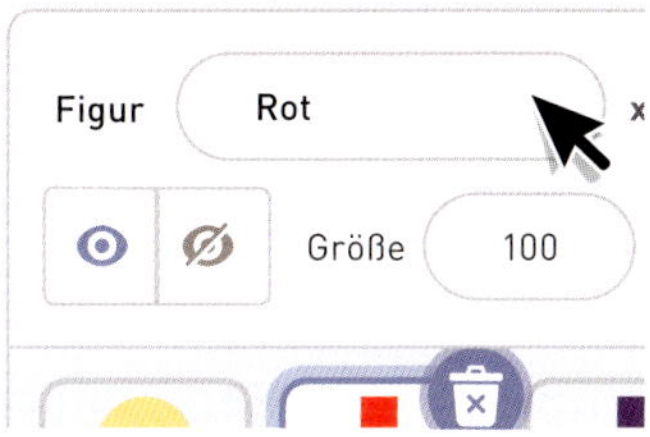

Auf gleiche Weise benennst du **Figur2** um in **Blau**.

8

Klicke auf die **Rot**-Figur im Figuren-Bereich und füge diesen Code ein:

```
wenn [grüne Flagge] angeklickt
setze Größe auf (30) %
gehe zu x: (-220) y: (0)
wiederhole fortlaufend
    setze y auf (Maus y-Position)
```

- Sobald die **grüne Flagge** angeklickt wird, startet der Code.
- Verkleinere den roten Schläger auf 30%.
- Starte in der Mitte des Bildschirms links.
- **Wiederhole fortlaufend:**
- Bewege den Schläger, sodass er zum y-Wert der Maus passt.

9

Dann gib dem Schläger von **Blau** diesen Code:

```
wenn [grüne Flagge] angeklickt
setze Größe auf (30) %
gehe zu x: (220) y: (0)
wiederhole fortlaufend
    falls <Taste [Pfeil nach oben ▾] gedrückt?>, dann
        ändere y um (10)
    falls <Taste [Pfeil nach unten ▾] gedrückt?>, dann
        ändere y um (-10)
```

- Sobald die **grüne Flagge** angeklickt wird, startet der Code.
- Verkleinere den roten Schläger auf 30%.
- Starte Mitte rechts.
- **Wiederhole fortlaufend:**
- **Falls „Pfeil nach oben" gedrückt:** Bewege Schläger nach oben.
- **Falls „Pfeil nach unten" gedrückt:** Bewege Schläger nach unten.

10

Klicke im Figuren-Bereich die **Ball**-Figur an. Klicke auf den Button **Variablen** und erstelle zwei Variablen: **Rot** (für die Punkte von Rot) und **Blau** (für die von Blau). Ziehe diese Codeblöcke hinein:

```
wenn [grüne Flagge] angeklickt          Beim Klick auf die grüne Flagge startet der Code.
setze Rot auf 0                         Setze zu Spielbeginn die Punkte von Rot auf 0.
setze Blau auf 0                        Setze zu Spielbeginn die Punkte von Blau auf 0.
gehe zu x: 0 y: 0                       Starte den Ball in der Mitte der Bühne.
setze Richtung auf -90                  Der Ball wird zuerst nach links wandern.
wiederhole fortlaufend                  Folgende Zeilen werden fortlaufend wiederholt:
    pralle vom Rand ab                  Falls der Ball auf den Bühnenrand trifft, soll er abprallen.
    gehe 10 er-Schritt                  Bewege den Ball 10 Schritte in die aktuelle Richtung.
    falls <wird Blau berührt?>, dann    Wenn der Ball den blauen Schläger berührt:
        setze Richtung auf Zufallszahl -70 bis -110
                                        Bewege ihn grob nach links in einem zufälligen
                                        Winkel zwischen -70 und -110 Grad.
        spiele Klang pop                Spiele einen Klang.
    falls <wird Rot berührt?>, dann     Wenn der Ball den roten Schläger berührt:
        setze Richtung auf Zufallszahl 70 bis 110
                                        Bewege ihn grob nach rechts in einem zufälligen
                                        Winkel zwischen 70 und 110 Grad.
        spiele Klang pop                Spiele einen Klang.
    falls <x-Position > 210>, dann      Falls die x-Koordinate des Balls größer ist als 210
                                        (nahe des rechten Bühnenrands):
        ändere Rot um 1                 Zähle 1 Punkt für Rot hoch.
        spiele Klang chord ganz         Spiele einen Klang.
        gehe zu x: 0 y: 0               Starte den Ball in der Mitte der Bühne.
        setze Richtung auf -90          Spiele den Ball nach links.
    falls <x-Position < -210>, dann     Falls die x-Koordinate des Balls kleiner ist als -210
                                        (nahe des rechten Bühnenrands):
        ändere Rot um 1                 Zähle 1 Punkt für Blau hoch.
        spiele Klang chord ganz         Spiele einen Klang.
        gehe zu x: 0 y: 0               Starte den Ball in der Mitte der Bühne.
        setze Richtung auf 90           Spiele den Ball nach rechts.
```

Wähle aus der Klangbibliothek die Effekte, die du für die Klangblöcke brauchst.

11

Klicke auf die **grüne Flagge**, um den Code zu testen. Wenn alles funktioniert, fordere einen Freund zum Spielen heraus!

ZUSATZAUFGABEN

- Lass den Ball beim Spielstart nach rechts zum blauen Schläger fliegen statt nach links.
- Lass den Ball bei Spielbeginn in zufälliger Richtung starten.
- Erstelle einen Klangeffekt, der abgespielt wird, wenn der Ball am Bühnenrand abprallt.
- Ändere das Punktesystem, sodass man 10 Punkte bekommt, wenn der Gegner den Ball verpasst.
- Erstelle eine Melodie, die abgespielt wird, wenn der rote Spieler 50 Punkte erreicht. Erstelle eine andere Melodie für 50 Punkte beim blauen Spieler.
- Wenn ein Spieler 100 Punkte geschafft hat, stoppe das Spiel und lasse die Nachricht „Game over!“ blinken.
- Lass den Ball in eine zufällige Richtung fliegen, wenn er vom Schläger getroffen wird.

EXPERIMENTE

- Ändere den Code, der die Ballbewegung steuert (Schritt 10). Experimentiere mit der Zahl 10 im Block **gehe 10 er Schritt**.

```
pralle vom Rand ab
gehe (10) er-Schritt
```

- Ändere die Werte, um die y beim Drücken der Pfeiltasten geändert wird, um den blauen Schläger zu steuern (siehe Schritt 9). Wird das Spiel nun leichter oder schwerer?

```
falls <Taste [Pfeil nach oben] gedrückt?> , dann
    ändere y um (10)
falls <Taste [Pfeil nach unten] gedrückt?> dann
    ändere y um (-10)
```

- Ändere die Größe der Schläger von 30% auf einen etwas kleineren oder größeren Wert. Du kannst auch Code einfügen, damit die Schläger bei steigender Punktzahl kleiner (oder größer) werden. Machen diese Änderungen das Spiel schwerer oder leichter?

LEVEL-4-SPIELE

Die Level-4-Spiele führen das Klonen ein. Bisher hast du Kopien einer Figur erstellt, indem du sie mit Rechtsklick dupliziert hast (oder dabei Ctrl gedrückt hältst, falls du einen Mac nutzt). Doch es gibt einen effektiveren Weg, Figuren zu kopieren: Code. Bei Scratch nennt man das Klonen. Figuren können mittels Schleifen mehrfach geklont werden.

WIE DU EINE KATZE KLONST

```
erzeuge Klon von [mir selbst ▾]
```

Zum Einstieg klonen wir die Katzen-Figur. Ziehe einen **erzeuge Klon**-Block aus der **Steuerung**-Gruppe in den Skript-Bereich und klicke darauf.

Es wirkt, als sei nichts passiert. Denn die geklonte Katze liegt direkt auf der ursprünglichen Katze.
Beim Klonen wird alles kopiert: Größe, Code und sogar die Position.

Wenn du die Katze anklickst und wegziehst, siehst du, dass sich darunter eine zweite befindet.

VIELE KATZEN

```
wiederhole (4) mal
    erzeuge Klon von [mir selbst ▾]
```

Mit Schleifen können wir schnell viele Klone erstellen. Baue den Code rechts zusammen und klicke darauf.

So wie vorher befinden sich alle Klone an der gleichen Stelle, also musst du sie wegziehen, um sie zu sehen.

Es gibt einen viel besseren Weg, Klone zu erstellen, indem jeder Klon zufällig an einen anderen Platz kommt. Erstelle den folgenden Code, um es auszuprobieren:

wenn ⚑ angeklickt	Klicke auf die grüne Flagge, um den Code zu testen:
wiederhole (4) mal	**Wiederhole diesen Code vier Mal:**
erzeuge Klon von [mir selbst ▾]	Erstelle eine Kopie der Katze.
setze x auf (Zufallszahl (-200) bis (200))	Gib der x-Koordinate einen Zufallswert.
setze y auf (Zufallszahl (-150) bis (150))	Gib der y-Koordinate einen Zufallswert.

Wenn wir diesen Code starten, bekommen wir vier neue geklonte Katzen.

Ändere deinen Code mal, um 10, 20 oder sogar 50 Katzen zu bekommen …

KLONE BEWEGEN

Um mehr Möglichkeiten für Klone zu haben, solltest du den Code für ihre Erstellung in eine andere Gruppe legen als den für ihr Verhalten.

Zum besseren Verständnis erstelle im Skript-Bereich diese beiden Blöcke:

```
wenn [Fahne] angeklickt
verstecke dich
wiederhole (3)
    erzeuge Klon von [mir selbst ▾]
↩
```

Dieser Code versteckt die ursprüngliche Katze und erstellt dann drei Klone.

```
Wenn ich als Klon entstehe
zeige dich
setze x auf (-250)
setze y auf (Zufallszahl (-150) bis (150))
wiederhole fortlaufend
    gehe (1) er-Schritt
↩
```

- Wenn ich als Klon entstehe: Sobald ein Klon erscheint, startet dieser Code:
- zeige dich: Mach den Klon sichtbar.
- setze x auf (-250): Bewege den Klon nach links.
- setze y auf (Zufallszahl (-150) bis (150)): Gib ihm eine zufällige y-Position.
- **Wiederhole fortlaufend:**
  - gehe (1) er-Schritt: Bewege den Klon nach rechts.

GLEICH UND DOCH ANDERS

Fürs Spiel *Katz und Maus* (S. 52) brauchen wir 4 geklonte Katzen. Doch jede soll zufällig mit einer anderen Geschwindigkeit unterwegs sein. Dafür erstellen wir in der **Daten**-Gruppe eine Variable namens Tempo.

Damit es für jede Figur eine eigene **Tempo**-Variable gibt, wähle beim Erstellen die Option **Nur für diese Figur**.

Neue Variable

Variablenname: Tempo

○ Für alle Figuren ● Nur für diese Figur

[Abbrechen] [OK]

Ändere den zweiten Teil des obigen Programms (siehe **Klone bewegen**) wie folgt:

```
Wenn ich als Klon entstehe
zeige dich
setze [Tempo ▾] auf (Zufallszahl (1) bis (10))
setze x auf (-250)
setze y auf (Zufallszahl (-150) bis (150))
wiederhole fortlaufend
    gehe (Tempo) er-Schritt
↩
```

- Wenn ich als Klon entstehe: Starte diesen Code, sobald ein Klon erstellt wird.
- zeige dich: Mach den Klon sichtbar.
- setze [Tempo] auf (Zufallszahl (1) bis (10)): Setze das Tempo des Klons auf einen Zufallswert.
- setze x auf (-250): Starte den Klon links.
- setze y auf (Zufallszahl (-150) bis (150)): Gib ihm eine zufällige y-Position.
- **Wiederhole fortlaufend:**
  - gehe (Tempo) er-Schritt: Bewege den Klon nach rechts in dem für ihn gültigen Tempo. Für jeden Klon gibt es ein eigenes Tempo.

KATZ UND MAUS

Mäuse, aufgepasst! Für dieses Spiel klonen wir Katzen! Falls du Klonen nicht kennst, schaue auf Seite 50 nach. Jeder Katzen-Klon erscheint an einer zufälligen Position und bewegt sich in zufälligem Tempo. Natürlich ist das Ziel des Spiels, dass die Maus den Katzen entwischt!

1 Öffne eine neue Scratch-Datei und lösche die Katzen-Figur. Klicke auf das Symbol **Figur wählen**. Scrolle die Figuren durch und klicke auf **Cat2**.

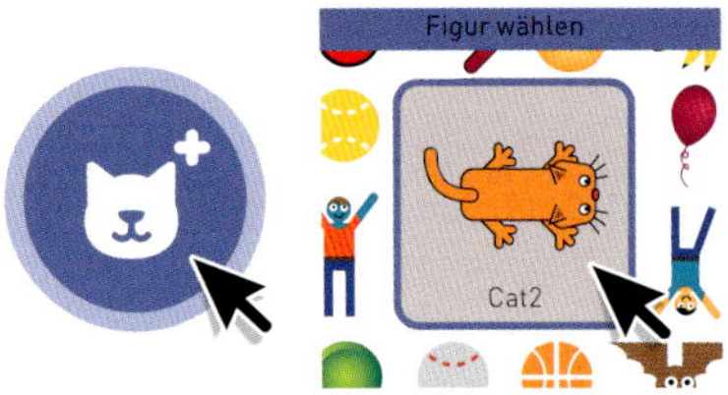

2 Nun müssen wir die Katze klonen. Ziehe diesen Code in den Skript-Bereich:

```
wenn [Flagge] angeklickt            Beim Klick auf die grüne Flagge startet der Code.
setze Richtung auf (-90)            Drehe die Katzen-Figur nach links.
zeige dich                          Mach sie sichtbar.
setze Größe auf (60) %              Verkleinere sie auf 60%.
wiederhole (4) mal                  Wiederhole das 4 Mal (um 4 Klone zu bekommen):
    erzeuge Klon von [mir selbst]       Klone eine Kopie der ursprünglichen Katze.
end
verstecke dich                      Verstecke nun die erste Katze – sie hat ihren Job erledigt!
```

3 Klicke auf die **grüne Flagge**, um den Code zu testen. Du siehst nicht alle Katzen, weil sie übereinander liegen! Zieh die oberste weg, darunter findest du die anderen.

EXPERIMENTE

Bevor du zu Schritt 4 übergehst, ändere mal, wie oft die fortlaufende Schleife läuft. Was geschieht?

```
wiederhole (4) mal
    erzeuge Klon von [mir selbst]
end
```

4 Als Nächstes sollen die Katzen an zufällige Positionen gesetzt werden und sich ab dort bewegen. Klicke auf **Variablen** und erstelle nun eine Variable namens **Tempo**. Achte darauf, dass **Nur für diese Figur** aktiv ist. Dann erstelle diesen Code:

● Nur für diese Figur

```
Wenn ich als Klon entstehe
setze [Tempo ▾] auf (Zufallszahl (-2) bis (-7))
gehe zu x: (180) y: (Zufallszahl (-170) bis (170))
wiederhole fortlaufend
    setze Richtung auf (Zufallszahl (-88) bis (-92))
    ändere x um (Tempo)
    falls <(x-Position) < (-220)>, dann
        gehe zu x: (180) y: (Zufallszahl (-170) bis (170))
↑
```

- Wenn ich als Klon entstehe: Starte diesen Code für jede neue Katze, die geklont wird und auf dem Bildschirm erscheint.
- setze Tempo: Gib jeder Katze ein zufälliges Tempo.
- gehe zu x: Starte jede Katze rechts mit einem y-Zufallswert.
- **Wiederhole fortlaufend:**
  - Lass die Katze um ein oder zwei Grad wackeln, sodass es wirkt, als ob sie kriecht.
  - Bewege die Katze nach links. Jede Katze bewegt sich mit ihrem eigenen Tempo.
  - **Wenn die Katze links angekommen ist:**
  - Bewege sie nach rechts und gib y einen Zufallswert.

Probiere verschiedene Werte für die Zufallszahl in den Blöcken „setze Tempo" und „setze Richtung". Was geschieht?

5 Füge eine andere Figur aus der Bibliothek hinzu, und zwar so wie in Schritt 1. Nimm die Figur **Mouse1**.

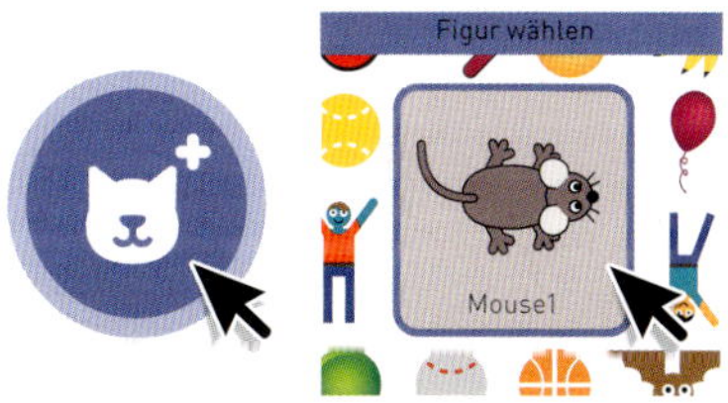

6 Die Maus-Figur soll sich beim Drücken der Pfeiltasten nach oben und unten bewegen. Wenn die Maus von einer Katze erwischt wird, ist das Spiel zu Ende. Ziehe diesen Code hinein:

```
wenn [Flagge] angeklickt
setze Größe auf (40) %
gehe zu x: (-215) y: (0)
wiederhole fortlaufend
    falls <Taste [Pfeil nach oben ▾] gedrückt?>, dann
        ändere y um (5)
    falls <Taste [Pfeil nach unten ▾] gedrückt?>, dann
        ändere y um (-5)
    falls <wird [Cat2 ▾] berührt?>, dann
        spiele Klang [pop ▾] ganz
        sage [Game Over!] für (2) Sek.
        stoppe [alles ▾]
↑
```

- Sobald die **grüne Flagge** angeklickt wird, startet der Code.
- Verkleinere die Maus auf 40%.
- Bewege sie an den linken Bühnenrand.
- **Dieser Code soll endlos wiederholt werden:**
  - **Wird die Pfeil-nach-oben-Taste gedrückt:** Ändere die y-Koordinate der Maus um 5 Schritte.
  - **Wird die Pfeil-nach-unten-Taste gedrückt:** Ändere die y-Koordinate der Maus um -5 Schritte.
  - **Wenn die Maus Cat2 berührt:** Spiele einen Klangeffekt und warte. Zeige eine Sprechblase mit „Game over!". Stoppe die Schleife.

Teste nun den Code.

FANG DIE PIZZA

Wir nutzen das Klonen nun, um viele Pizzas zu erstellen. Sie fallen von einem Gebäude und sollen von der Katze gefangen werden! Wir erlauben der Katze dreimal, eine Pizza zu verlieren (sie hat also drei Leben). Hat sie alle Leben verloren, ist das Spiel vorbei. Wir speichern diese Info in der Variablen „Leben".

1 Klicke auf das **Bühnenbild**-Symbol und dann

auf den Reiter **Bühnenbilder**.

Über **Bühnenbild wählen** suchst du **wall1**.

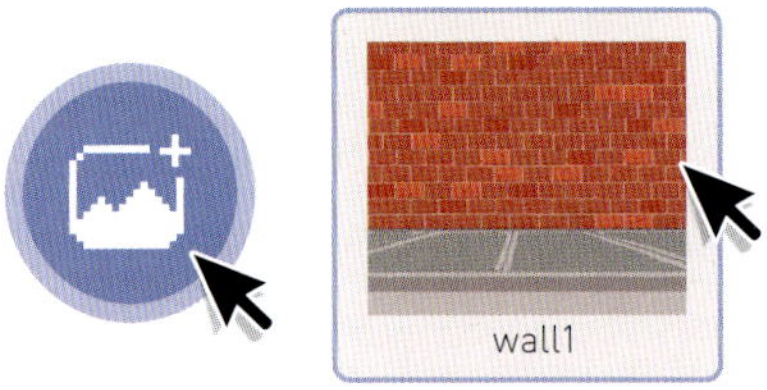

2 Jetzt geht es an die Pizza! Halte die Maus über **Figur wählen**. Bewege sie zum Pinsel-Symbol und klicke darauf, dann auf **In Rastergrafik umwandeln**. Nun klickst du aufs **Kreis**-Werkzeug.

Male einen großen Kreis als Basis. Gib rote Soße hinzu. Streue Käse drauf. Und ein paar Oliven.

3 Klicke auf **Skripte** und gib der Pizza diesen Code:

```
wenn [Flagge] angeklickt        Beim Klick auf die grüne Flagge startet der Code.
setze Größe auf (15) %          Verkleinere die Pizza auf 15%.
setze Richtung auf (180 ▼)      Drehe die Pizza so, dass sie auf dem Bildschirm nach unten fällt.
wiederhole (5) mal              Mit einer „Wiederholen"-Schleife machst du 5 Pizza-Klone:
    erzeuge Klon von [mir selbst ▼]   In jeder Schleife wird eine neue geklonte Pizza erstellt.
end
verstecke dich                  Verstecke die ursprüngliche Pizza, wir brauchen sie jetzt nicht.
```

4

Klicke auf **Variablen** und erstelle drei Variablen: **Leben**, **Punkte** und **Tempo**. Bei **Leben** und **Punkte** klickst du **Für alle Figuren** an, bei **Tempo Nur für diese Figur**. So bekommt jede Pizza ihre eigene Tempo-Variable.

5

Nun ergänze diesen Code, damit die geklonten Pizzas auf dem Bildschirm herabfallen:

```
Wenn ich als Klon entstehe                                   Starte diesen Code bei jeder geklonten Pizza.
zeige dich                                                   Mache die Pizza sichtbar.
setze [Tempo] auf (Zufallszahl (1) bis (4))                  Gib jeder Pizza ein zufälliges Tempo.
gehe zu x: (Zufallszahl von (-200) bis (200)) y: (150)       Starte jede Pizza oben mit einem x-Zufallswert.
wiederhole bis <(Leben) < [1]>                               Wiederhole die Schleife, bis keine Leben mehr übrig sind:
    gehe (Tempo) er-Schritt                                      Bewege die Pizza nach unten.
                                                                 Jede Pizza fällt mit einer anderen Geschwindigkeit.
    falls <wird [Rand] berührt?>, dann                           Erreicht die Pizza den unteren Bühnenrand:
        gehe zu x: (Zufallszahl von (-200) bis (200)) y: (150)       Bewege sie nach oben mit einem x-Zufallswert.
        spiele Klang [cymbal]                                        Spiele einen Klang.
        ändere [Leben] um (-1)                                       Ein Leben verloren (ziehe 1 von der Leben-Variable ab).
    falls <wird [Figur1] berührt?>, dann                         Wird die Pizza von der Katze gefangen:
        gehe zu x: (Zufallszahl von (-200) bis (200)) y: (150)       Bewege sie nach oben mit einem x-Zufallswert.
        ändere [Punkte] um (1)                                       Zähle den Punktestand um 1 hoch.
        spiele Klang [chomp]                                         Spiele einen Klang.
```

6

Klicke auf die Katze und ergänze diesen Code:

```
wenn [Flagge] angeklickt                         Beim Klick auf die grüne Flagge startet der Code.
setze Größe auf (60) %                           Verkleinere die Katze auf 60%.
gehe zu x: (0) y: (-130)                         Bewege sie mittig an den unteren Bühnenrand.
setze [Punkte] auf (0)                           Setze zu Spielbeginn den Punktestand auf 0.
setze [Leben] auf (3)                            Setze die Anzahl der Leben auf 3.
wiederhole bis <(Leben) < [1]>                   Wiederhole die Schleife, bis 0 Leben mehr übrig sind:
    gehe (8) er-Schritt                              Bewege die Katze 8 Schritte.
    wechsle zum nächsten Kostüm                      Animiere die Katze durch Ändern des Kostüms.
spiele Klang [meow] ganz                         Sind die Leben auf 0, spiele einen Klangeffekt.
sage (verbinde [Deine Punkte:] (Punkte))         Zeige den Satz, bei dem „Deine Punkte:“
                                                 und die Punkte-Variable verbunden werden.
```

```
wenn Taste [Pfeil nach links] gedrückt
setze Richtung auf (-90)
```

```
wenn Taste [Pfeil nach rechts] gedrückt          Wird die Pfeil-nach-rechts-Taste gedrückt:
setze Richtung auf (90)                          Drehe die Katze nach rechts.
```

Von links nach rechts

Figuren drehen sich normalerweise, wenn sie ihre Richtung ändern. Damit die Katze nicht auf dem Kopf steht, klicke in der Info-Box der Figur auf die Richtung.

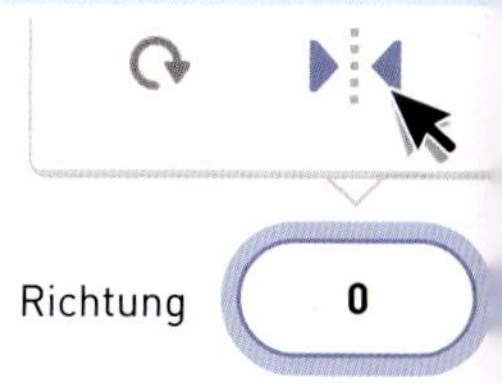

Wähle die Option Links/Rechts.

METEORSCHAUER

Bei diesem Weltraumspiel erstellen wir zwei Klonsätze. Das Raumschiff muss den geklonten Meteoren ausweichen. Zum Glück können wir die Meteore mit Laser beschießen. Sobald wir den Laser abfeuern, wird ein Klon des Lasers erstellt. Trifft ein Laser einen Meteor, bekommen wir 100 Punkte. Doch wenn ein Meteor das Raumschiff berührt, ist das Spiel vorbei.

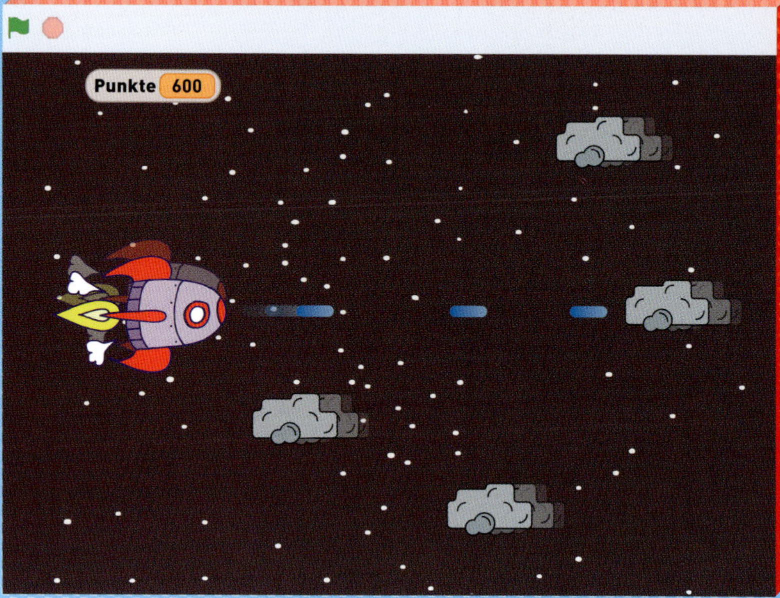

1 Klicke aufs **Bühnenbilder**-Symbol.

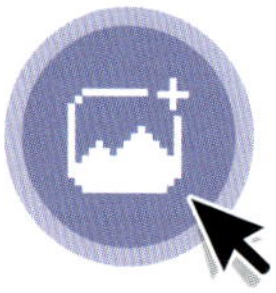

Über **Bühnenbild wählen** suchst das Bühnenbild **Stars**.

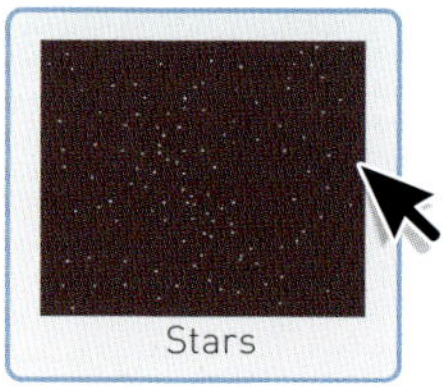

2 Lösche die Katzen-Figur. Klicke auf den **Figur wählen**-Button und suche nach dem Raumschiff.

Klicke auf den Reiter **Kostüme** und dann auf das **Rocketship**.

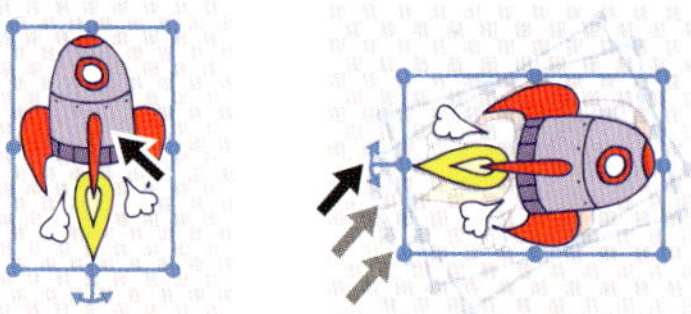

Klicke den Drehpfeil unter der Figur an, halte die Maustaste fest und drehe das Raumschiff nach rechts.

3

Hole zwei weitere Figuren aus der Bibliothek: Zuerst wählst du **Rocks**.

Dann nimmst du noch ein Kostüm aus der Bibliothek namens **Button2**, denn das wird der Laser.

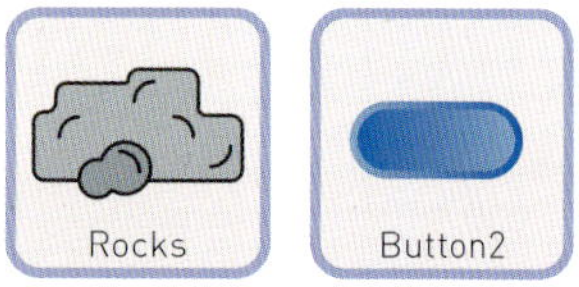

4 Klicke auf den Reiter **Skripte** und gib **Button2** den folgenden Code:

Code	Erklärung
wenn [Flagge] angeklickt	Beim Klick auf die grüne **Flagge** startet der Code.
setze Größe auf (10) %	Verkleinere den Laser auf 10%.
verstecke dich	Verstecke den ursprünglichen Laser.

Code	Erklärung
wenn Taste [Leertaste ▾] gedrückt	Feuere Laser beim Drücken der Leertaste ...
erzeuge Klon von [mir selbst ▾]	... durch Klonen des Lasers.

Code	Erklärung
Wenn ich als Klon entstehe	Wenn ein Laser-Klon erscheint, starte diesen Code.
gehe zu x: (-160) y: ([y-Position ▾] von [Rocketship ▾])	Starte den Laser auf der linken Bildschirmseite, wobei sein y-Wert der y-Position des Raumschiffs entspricht. Suche in „Fühlen" nach einem Block namens **Bühnenbildnummer von Bühne** und ändere dann das Ausklappmenü.
zeige dich	Mach den Laser-Klon sichtbar.
wiederhole bis ⟨(x-Position) > (220)⟩	**Wiederhole diesen Code, bis der Laser-Klon am rechten Bühnenrand ankommt:**
gehe (10) er-Schritt	Bewege den Laser-Klon 10 Schritte nach rechts.
lösche diesen Klon	Ist er an der rechten Seite angekommen, lösche ihn.

5 Klicke auf das Rocketship-Symbol im Figuren-Bereich. Klicke auf **Variablen** und erstelle nun eine Variable namens **Punkte**. Ziehe diesen Code in den Skript-Bereich:

Code	Erklärung
wenn [Flagge] angeklickt	Beim Klick auf die grüne **Flagge** startet der Code.
setze [Punkte ▾] auf (0)	Setze zu Spielbeginn den Punktestand auf 0.
setze Größe auf (40) %	Verkleinere das Raumschiff auf 40%.
gehe zu x: (-180) y: (0)	Starte das Raumschiff in der Mitte der Bühne.
wiederhole bis ⟨wird [Rocks ▾] berührt?⟩	**Wiederhole, bis das Raumschiff vom Meteor getroffen wird:**
falls ⟨Taste [Pfeil nach oben ▾] gedrückt?⟩, dann	**Wird die Pfeil-nach-oben-Taste gedrückt:**
ändere y um (10)	Bewege das Raumschiff nach oben.
falls ⟨Taste [Pfeil nach unten ▾] gedrückt?⟩, dann	**Wird die Pfeil-nach-unten-Taste gedrückt:**
ändere y um (-10)	Bewege das Raumschiff nach unten.

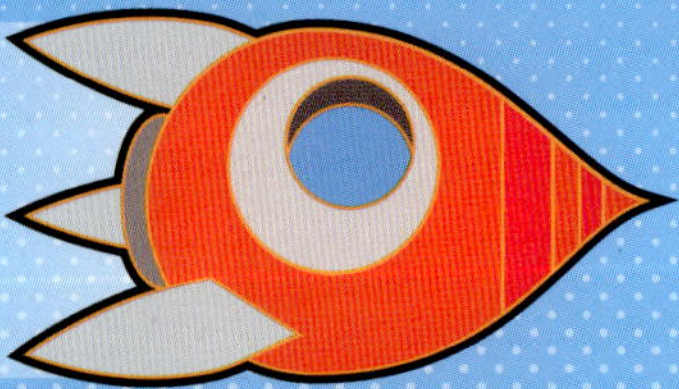

6 Klicke auf das **Rocks**-Symbol im Figuren-Bereich. Klicke auf **Variablen** und erstelle eine weitere namens **Tempo**. Klicke **Nur für diese Figur** an, damit jeder Felsen seine eigene **Tempo**-Variable erhält. Die **Meteor**-Figur bekommt den folgenden Code.

wenn [grüne Flagge] angeklickt	Beim Klick auf die **grüne Flagge** startet der Code.
zeige dich	Zeige den Meteor.
setze Größe auf (50) %	Verkleinere den Meteor auf 50%.
wiederhole (4) mal	**Wiederhole diesen Code 4 Mal (um 4 Klone zu bekommen):**
erzeuge Klon von [mir selbst ▾]	Klone eine Kopie des Meteors.
verstecke dich	Verstecke den ursprünglichen Meteor.

Wenn ich als Klon entstehe	Wenn ein Meteor-Klon erscheint, starte diesen Code.
gehe zu x: (240) y: (Zufallszahl (-150) bis (150))	Platziere den Meteor-Klon mit einer zufälligen y-Koordinate auf der rechten Bühnenseite.
setze [Tempo ▾] auf (Zufallszahl (-2) bis (-8))	Setze ein zufälliges Tempo (auf einen negativen Wert).
wiederhole bis ⟨wird [Rocketship ▾] berührt?⟩	**Wiederhole, bis der Meteor das Raumschiff trifft:**
ändere x um (Tempo)	Bewege den Meteor um den Wert nach links, der in seiner **Tempo**-Variablen gespeichert ist.
falls ⟨(x-Position) < (-220)⟩, dann	**Wenn er links angekommen ist:**
gehe zu x: (240) y: (Zufallszahl (-150) bis (150))	Bewege den Meteor nach rechts und gib y einen Zufallswert.
falls ⟨wird [Button2 ▾] berührt?⟩, dann	**Wird der Meteor von einem Laser getroffen:**
ändere [Punkte ▾] um (100)	Erhöhe den Punktestand um 100.
gehe zu x: (240) y: (Zufallszahl (-150) bis (150))	Bewege den Meteor nach rechts und gib y einen Zufallswert.
spiele Klang [water drop ▾]	Spiele einen Klang.
spiele Klang [cymbal crash ▾]	Wenn ein Meteor das Raumschiff berührt, spiele einen Klangeffekt.
sage [Game Over] für (2) Sek.	Zeige „Game Over.“.
stoppe [alles ▾]	Stoppe die Bewegungen aller Figuren.

Teste nun den Code.

EXPERIMENTE

- Nimm in Schritt 4 den Code für den den Laser. Experimentiere mit verschiedenen Werten für den Block **gehe 10-er Schritt** und nimm auch mal deutlich größere Zahlen. Wie verändert sich der Laser? Was passiert, wenn die Zahl wirklich groß gewählt ist? Nimm mal 150! Trifft der Laser den Meteor immer? Wenn ja, warum?

```
wiederhole bis < x-Position > 220 >
    gehe (10) er-Schritt
```

- Schau den Code in Schritt 5 an. Nimm andere Werte für y, wenn die Pfeiltasten **oben** bzw. **unten** gedrückt werden. Ändere sie mal von 10 und -10 auf 2 und -2 oder 20 und -20. Wie ändert sich das Spiel dadurch?

```
falls < Taste [Pfeil nach oben ▾] gedrückt? > , dann
    ändere y um (10)

falls < Taste [Pfeil nach unten ▾] gedrückt? > , dann
    ändere y um (-10)
```

ZUSATZAUFGABEN

- Füge noch mehr Meteore ins Spiel ein.
- Baue einen **falls ... dann**-Block ein, damit bei Erreichen eines Punktewerts ein neuer Meteor entsteht.
- Beschleunige die Meteore bei steigendem Punktestand. Tipp: Du kannst einen zweiten **ändere x um**-Block einbauen, sodass sich die Bewegung nach „Punkte", geteilt durch eine große negative Zahl, richtet.
- Baue eine Uhr ein, die anzeigt, wie lange das Raumschiff ohne Meteortreffer überlebt.
- Male einen interessanteren Hintergrund für dein Spiel und lasse deiner Fantasie freien Lauf.
- Erstelle ein eigenes neues Spiel und wende an, was du hier über Klone gelernt hast.
- Ändere die Klangeffekte im Spiel. Kannst du es dramatischer klingen lassen?

BALLONS SCHIESSEN

Für dieses Schnellfeuerspiel klonen wir zehn Ballons. Sie schweben von links nach rechts über den Bildschirm und sollen mit Pfeilen abgeschossen werden. Dazu zielt der Spieler mit der Maus und bekommt Punkte, wenn ein Ballon platzt. Nach 30 Sekunden wird das Spiel durch einen Timer gestoppt. Also schnell zielen: Auf die Plätze ... fertig ... Feuer frei!

1 Öffne eine neue Scratch-Datei. **Klicke mit rechts** auf die Katze und dann auf **Löschen**.

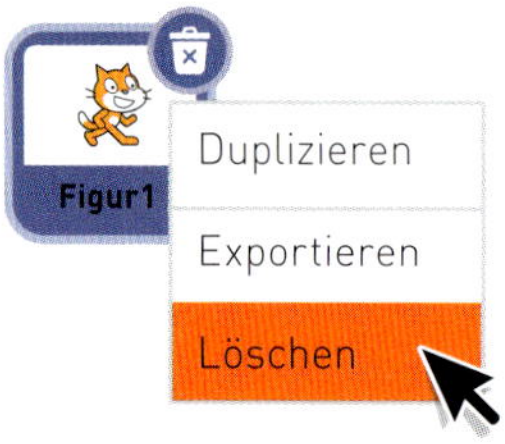

2 Klicke auf **Bühnenbild wählen** und dann auf **In Rastergrafik umwandeln**. Erstelle mit dem **Fülleimer**-Werkzeug den Hintergrund als Himmel.

3 Halte die Maus über **Figur wählen**. Bewege die Maus zum Pinsel-Symbol und klicke darauf, dann auf **In Rastergrafik umwandeln**.

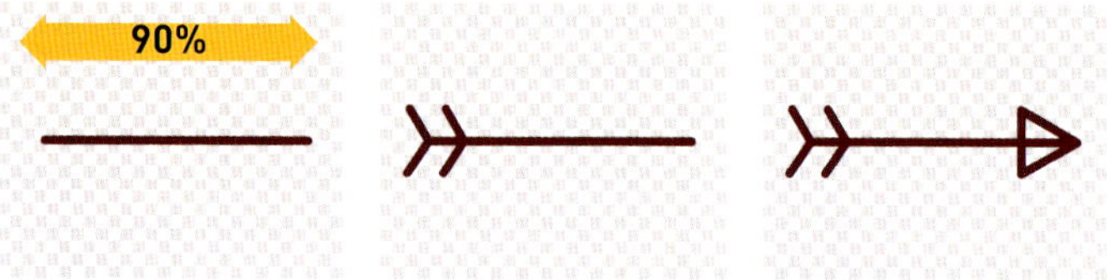

Wähle das **Linien**-Werkzeug und zeichne den Pfeil nach rechts. Mache ihn ungefähr so breit wie den Malbereich.

Fülle die Pfeilspitze.

4 Gehe zur Namen-Box in der Info-Box der Figur.

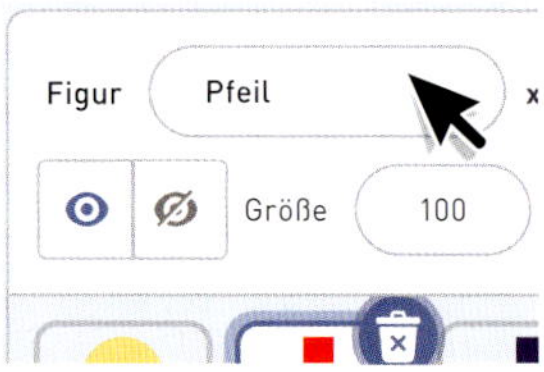

Ändere den Namen der Figur zu **Pfeil**.

5 Klicke auf das Symbol **Figur wählen**. Scrolle nach unten und klicke auf **Balloon1**.

6

Klicke auf **Pfeil** im Figuren-Bereich und dann auf Skripte.

Erstelle eine Variable namens **Punkte**. Dann gib dem Pfeil diesen Code. Wähle **Boing** in der Klangbibliothek im Reiter **Klänge**.

```
wenn [Flagge] angeklickt
setze [Punkte ▾] auf (0)
setze Stoppuhr zurück
setze Größe auf (15) %
gehe zu x: (0) y: (-130)
wiederhole bis <(Stoppuhr) > (30)>
    warte (0.2) Sek.
    wiederhole bis <Maustaste gedrückt?>
        drehe dich zu [Mauszeiger ▾]
    ↩
    spiele Klang [boing ▾]
    wiederhole bis <wird [Rand ▾] berührt?>
        gehe (20) er-Schritt
    ↩
    gehe zu x: (0) y: (-130)
↩
sage (verbinde [Deine Punkte: ] (Punkte))
```

Beim Klick auf die grüne **Flagge** startet der Code.

Setze zu Spielbeginn den Punktestand auf 0.

Setze zu Spielbeginn die Stoppuhr auf 0 Sekunden.

Verkleinere die Pfeil auf 15%.

Starte den Pfeil unten in der Mitte der Bühne.

Wiederhole, bis 30 Sekunden abgelaufen sind:

Warte einen Moment als Vorbereitung.

Wiederhole, bis die Maus geklickt wird:

Richte den Pfeil am Mauszeiger aus.

Spiele einen Klangeffekt, wenn die Maus geklickt wird.

Wiederhole, bis der Pfeil den Rand erreicht:

Bewege den Pfeil in Richtung Mauszeiger.

Der Pfeil hat den Bühnenrand erreicht, also bewege ihn wieder auf Startposition.

Zeige den Punktestand.

7

Der Ballon bekommt nun diesen Code:

```
wenn [Flagge] angeklickt
verstecke dich
wiederhole (10) mal
    erzeuge Klon von [mir selbst ▾]
↩
```

Beim Klick auf die grüne **Flagge** startet der Code.

Verstecke den ursprünglichen Ballon.

Wiederhole diesen Code zehn Mal:

Klone eine Kopie des Ballons.

```
Wenn ich als Klon entstehe
gehe zu x: (Zufallszahl von (-200) bis (200)) y: (Zufallszahl von (50) bis (150))
zeige dich
setze Größe auf (40) %
wiederhole fortlaufend
    gehe (1) er-Schritt
    falls <wird [Pfeil ▾] berührt?>, dann
        ändere [Punkte ▾] um (1)
        spiele Klang [pop ▾]
        gehe zu x: (Zufallszahl von (-200) bis (200)) y: (Zufallszahl von (50) bis (150))
    falls <(x-Position) > (220)>, dann
        gehe zu x: (-200) y: (Zufallszahl (50) bis (150))
        wechsle zum nächsten Kostüm
↩
```

Wenn ein Ballon-Klon erscheint, starte diesen Code.

Platziere den Ballon mit einer zufälligen x-Koordinate in der Nähe des oberen Bühnenrands.

Mache den Ballon sichtbar.

Verkleinere das Raumschiff auf 40%.

Starte diesen Code in fortlaufender Schleife:

Bewege den Ballon langsam nach rechts.

Falls er von einem Pfeil getroffen wird:

Erhöhe den Punktestand um 1.

Spiele einen Klang.

Wähle eine neue Zufallsposition.

Wenn der Ballon an den rechten Rand kommt:

Wähle eine Zufallsposition im linken Bühnenbereich.

Ändere die Farbe des Ballons.

Teste nun den Code.

MAUERN SPRENGEN

Hier muss der Spieler einen Ball gegen 20 geklonte Ziegelsteine prellen. Trifft er mit dem Ball einen Ziegel, verschwindet der Ziegel, und der Spieler bekommt 5 Punkte. Um den Ball zu schlagen, bewegt der Spieler am unteren Rand einen Schläger. Dieser wird durch Mausbewegungen gesteuert, indem seine x-Koordinate auf den x-Wert der Maus gesetzt wird.

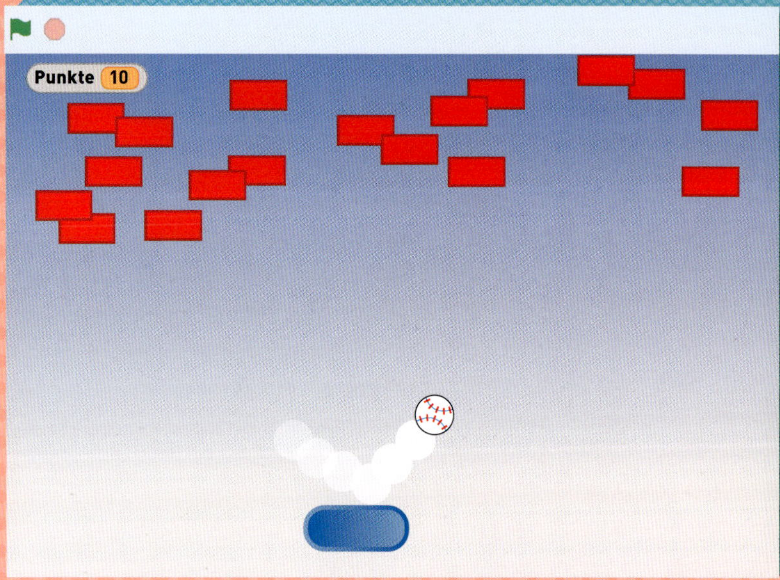

1 Öffne eine neue Datei und lösche die Katze.

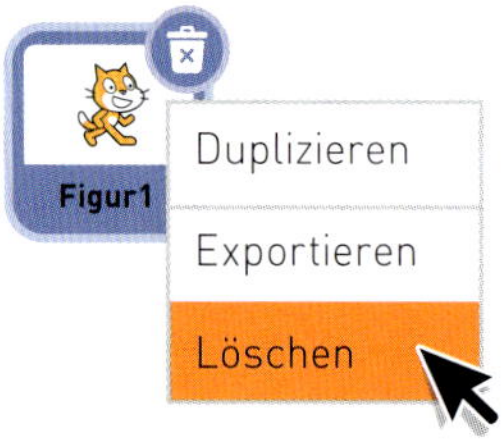

Klicke auf das Symbol **Figur wählen**. Klicke das Symbol **Ball** an

2 Klicke aufs **Bühnenbild**-Symbol, dann auf den Reiter Bühnenbilder und auf **In Rastergrafik umwandeln**.

Erstelle mit dem **Fülleimer**-Werkzeug einen Hintergrund.

3 Klicke auf das Symbol **Figur wählen**.

Scrolle nach unten und klicke auf **Button2**. Den nehmen wir als Schläger.

4 Klicke auf das **Ball**-Symbol und dann auf **Skripte**. Klicke auf **Variablen** und erstelle nun eine Variable namens **Punkte**. Wähle Klangeffekte in der **Klangbibliothek** im Reiter **Klänge**. Der Ball bekommt diesen Code:

```
wenn [Flagge] angeklickt
setze [Punkte ▾] auf (0)
setze Größe auf (50) %
setze Richtung auf (0 ▾)
gehe zu x: (0) y: (-120)
wiederhole bis <(Punkte) = [100]>
    pralle vom Rand ab
    gehe (8) er-Schritt
    falls <(y-Position) < [-140]>, dann
        sage [Game Over!]
        spiele Klang [alien creak2 ▾] ganz
        stoppe [alles ▾]
sage [Gut gemacht]
```

- Beim Klick auf die grüne **Flagge** startet der Code.
- Setze zu Spielbeginn den Punktestand auf 0.
- Verkleinere den Ball auf 50%.
- Gib dem Ball die Richtung nach oben (0 Grad).
- Starte unten in der Mitte der Bühne.
- **Wiederhole diesen Code, bis 100 Punkte erreicht sind:**
  - Falls der Ball auf den Bühnenrand trifft, soll er abprallen.
  - Bewege die Katze vorwärts.
  - **Erreicht der Ball den unteren Bühnenrand:**
    - Zeige „Game Over.“.
    - Spiele einen Klang.
  - Stoppe die Ausführung des Codes.
- Sobald 100 Punkte gemacht sind, zeige „Gut gemacht“.

5 Der Schläger bekommt diesen Code:

```
wenn [Flagge] angeklickt
setze y auf (-135)
wiederhole fortlaufend
    setze x auf (Maus x-Position)
    falls <wird [Ball ▾] berührt?>, dann
        sende [Abprallen ▾] an alle
        spiele Klang [boing ▾]
```

- Beim Klick auf die **grüne Flagge** startet der Code.
- Bewege den Schläger in die Mitte der Bühne.
- **Starte diesen Code in fortlaufender Schleife:**
  - Setze den x-Wert des Schlägers so, dass er gleich dem x-Wert der Maus ist.
  - **Wenn der Schläger den Ball berührt:**
    - sende „Abprallen“, damit der Ball weiß, was passiert ist.
    - Spiele einen Klang.

Dafür nimm das Aufklappmenü. Klicke auf „neue Nachricht“ und tippe „Abprallen“ ein.

6 Nun bekommt der Ball diesen Code:

```
wenn ich [Abprallen ▾] empfange
drehe dich um ↻ (Zufallszahl von (150) bis (210)) Grad
gehe (20) er-Schritt
```

- Starte Code, wenn Nachricht „Abprallen“ gesendet wird.
- Drehe den Ball, sodass er ungefähr in entgegengesetzter Richtung fliegt.
- Bewege den Ball 20 Schritte.

7

Erstelle einen Ziegel. Halte die Maus über **Figur wählen**.

Bewege die Maus zum Pinsel-Symbol und klicke darauf.

Klicke auf **In Rastergrafik umwandeln**.

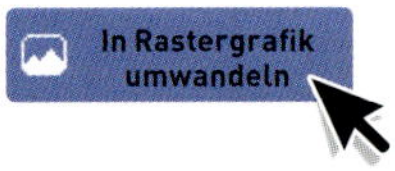

Wähle das **Rechteck**-Werkzeug.

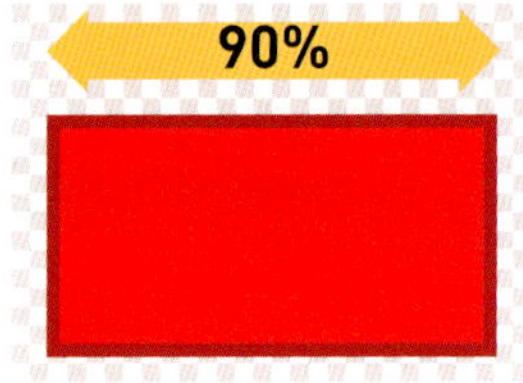

Zeichne ein rotes Rechteck, das fast den ganzen Bereich ausfüllt.

8

Der Ziegel bekommt diesen Code:

```
wenn [Flagge] angeklickt
setze Größe auf (10) %
verstecke dich
wiederhole (20) mal
    erzeuge Klon von [mir selbst ▾]
```

- wenn [Flagge] angeklickt – Beim Klick auf die grüne **Flagge** startet der Code.
- setze Größe auf (10) % – Verkleinere den ursprünglichen Ziegel auf 10%.
- verstecke dich – Verstecke den ursprünglichen Ziegel.
- wiederhole (20) mal – **Wiederhole diesen Code 20 Mal (um 20 Klone zu bekommen):**
  - erzeuge Klon von [mir selbst] – Erstelle eine Kopie des Ziegels.

```
Wenn ich als Klon entstehe
zeige dich
gehe zu x: (Zufallszahl von (-200) bis (200)) y: (Zufallszahl von (25) bis (150))
wiederhole fortlaufend
    falls <wird [Ball ▾] berührt?>, dann
        verstecke dich
        ändere [Punkte ▾] um (5)
        sende [Abprallen ▾] an alle und warte
        spiele Klang [pop ▾]
```

- Wenn ich als Klon entstehe – Starte diesen Code, sobald ein Klon erstellt wird.
- zeige dich – Mach den Klon sichtbar.
- gehe zu x: … y: … – Bewege den Ziegel an eine zufällige Position im oberen Bühnenbereich.
- wiederhole fortlaufend – **Starte diesen Code in fortlaufender Schleife:**
- falls <wird Ball berührt?>, dann – **Wenn der Ziegel vom Ball getroffen wird:**
  - verstecke dich – Verstecke den Ziegel.
  - ändere Punkte um 5 – Zähle den Punktestand um 5 hoch.
  - sende Abprallen an alle und warte – Sende „Abprallen“, damit der Ball weiß, was passiert ist.
  - spiele Klang pop – Spiele einen Klang.

Teste nun den Code.

EXPERIMENTE

- Ändere die Größe des Schlägers. Dafür musst du zu Schritt 5 gehen. Wie wirken sich andere Schlägergrößen aufs Spiel aus?
- Ändere in Schritt 6 die Werte für den Block **Zufallszahl**. Was geschieht, wenn du 170 und 190 einträgst? Oder 110 und 250?

```
drehe dich ↻ um Zufallszahl von (150) bis (210) Grad
```

- Ändere die Farbe des Ziegels. Wirkt sich das aufs Spiel aus?
- Probiere, in Schritt 4 die Zahl 8 im Block **bewege** zu ändern. Was passiert mit dem Ball?

```
pralle vom Rand ab
gehe (8) er-Schritt
```

ZUSATZAUFGABEN

- Ändere die Anzahl der Ziegel. Du musst auch die Gesamtpunktzahl ändern, die man zum Abschluss des Spiels benötigt.
- Ändere den Abprallwinkel für den Ball.
- Erstelle einen Klangeffekt, der abgespielt wird, wenn der Ball am Bühnenrand abprallt.
- Gib den Ziegeln zufällige Farben. Erstelle für den Ziegel ein zweites Kostüm und färbe es um. Nimm eine Zufallszahl und eine **falls ... dann**-Anweisung, um das **nächste Kostüm** zu wählen, wenn die Zufallszahl einen bestimmten Wert übersteigt.
- Erstelle einen zweiten Ball, der gleichzeitig mit dem ersten gespielt werden kann. Dieser Ball könnte mit einem anderen Tempo fliegen oder in einem anderen Winkel abprallen als der erste. Achte darauf, dass auch der neue Ball die Ziegel verschwinden lässt, wenn er darauf trifft.

LEVEL-5-SPIELE

In diesem Expertenlevel machen wir die Bewegungen der Figuren noch komplizierter. Sie fallen und prallen abhängig von der Schwerkraft ab. Beachtet der Code physikalische Kräfte, nennt man das Physik-Engine. Wenn wir derart schwierige Dinge machen, könnte der Code ziemlich lang werden. Damit das nicht passiert, arbeiten wir mit „Funktionen“, um nicht dauernd Codezeilen wiederholen zu müssen.

FUNKTIONEN

Eine Funktion ist eine Gruppe Befehle, die etwas Bestimmtes ausführt, sobald sie aufgerufen, also gestartet wird. Ein Pinguin kann damit z.B. zum Startpunkt wackeln. Das ist das Praktische an einer Funktion: Wir müssen den Code nicht immer wieder hinschreiben, wenn der Pinguin zum Start gehen soll, sondern erstellen ihn nur einmal.

Schauen wir uns eine Funktion von *Springende Pinguine* (Seite 68) genauer an. Vor dem Sprung soll der Pinguin an Land gehen, in die richtige Richtung schauen und das Tempo auf 0 gesetzt bekommen – und das immer bei Spielbeginn und nach jedem Sprung. Anstatt zweimal Code zu schreiben, erstellen wir eine Funktion namens **BewegePinguinZumStart.**

So werden Funktionen erstellt:

1. Um eine Funktion zu erstellen, klickst du auf die Gruppe **Meine Blöcke**.

2. Klicke auf **Neuer Block**.

3. Tippe als Funktionsname **BewegePinguinZumStart** ein.

Klicke dann auf **OK**.

4. Ein neuer Block mit der Aufschrift **Definiere BewegePinguinZumStart** erscheint im Skript-Bereich.

5. Ziehe einen **gehe zu x: y:**-Block und weiteren Code hinein, der starten soll, wenn der Block verwendet wird.

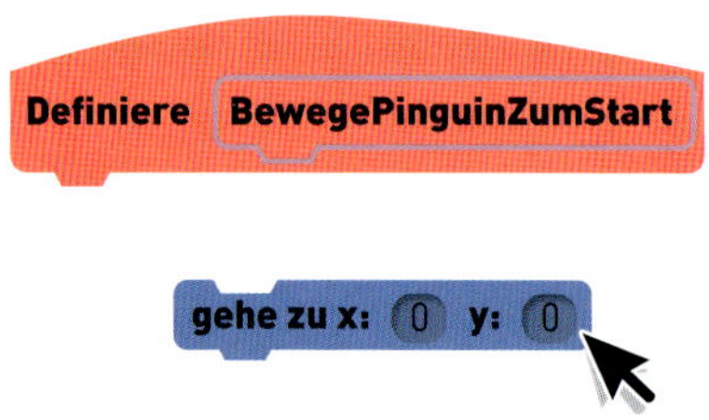

So werden Funktionen eingesetzt:

1. Um eine erstellte Funktion zu nutzen, klickst du auf die Gruppe **Meine Blöcke**.

2. Ein Block namens **BewegePinguinZumStart** erscheint in der Gruppe **Meine Blöcke**.

3. Ziehe den Block **BewegePinguinZumStart** dort in deinen Code, wo du ihn brauchst.

SPRINGEN UND WERFEN

Bei *Springende Pinguine* springt ein Pinguin auf einen Eisberg . Bei *Einstürzende Türme* (S. 72) soll ein Ball durch die Luft fliegen.

Springen und Werfen simulieren wir in einem Programm durch zwei Tempo-Variablen: Das vertikale Tempo (**VTempo**) muss bei jedem Durchlauf der Schleife negativer werden, damit Ball oder Pinguin durch den Effekt der Schwerkraft zu Boden gezogen werden.

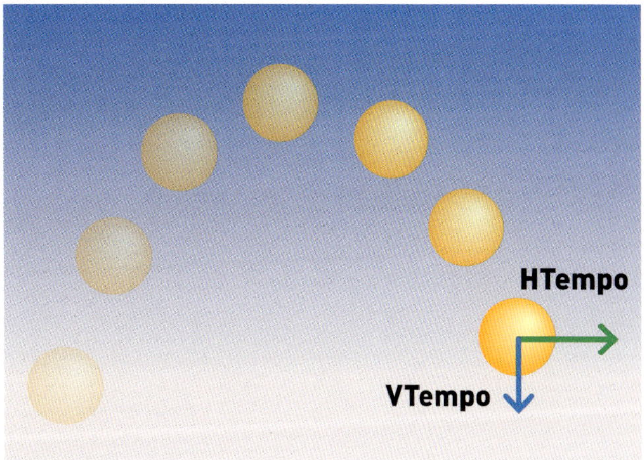

Die andere Variable ist das horizontale Tempo (**HTempo**). Diese verringert sich bei jedem Schleifendurchlauf wegen Reibung und Luftwiderstand etwas.

Mit diesem Code erledigen wir das:

```
ändere [VTempo ▾] um (-0.2)
setze [HTempo ▾] auf ((0.99) * (HTempo))
ändere x um (HTempo)
ändere y um (VTempo)
```

- ändere VTempo um -0.2: Verringere VTempo um 0.2.
- setze HTempo auf 0.99 * HTempo: Setze HTempo auf 0.99 mal HTempo (* heißt ‚multipliziere'). Damit wird es leicht verringert.
- ändere x um HTempo: Ändere die x-Position des Balls um den Wert von HTempo.
- ändere y um VTempo: Ändere die y-Position des Balls um den Wert von VTempo.

ABPRALLEN

Mit horizontalen und vertikalen Tempo-Variablen lassen wir einen Ball ganz einfach abprallen. Wenn ein Ball zu Boden fällt, lassen wir ihn wieder nach oben fliegen, indem VTempo von einem negativen Wert (fallen) in einen positiven geändert wird (steigen).

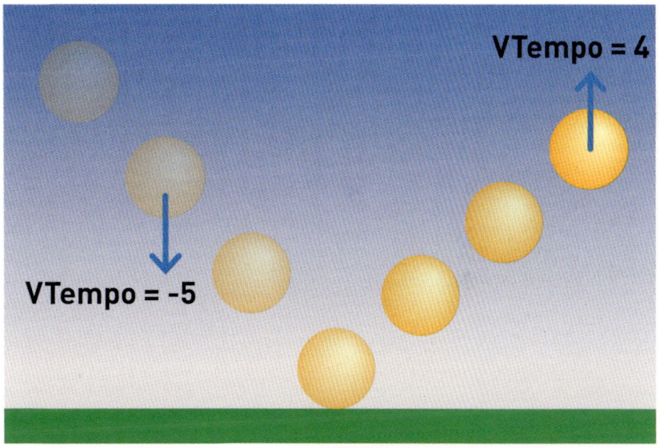

Wenn etwas abprallt, wird es normalerweise auch ein wenig langsamer. Bei *Einstürzende Türme* (S. 72) erledigen wir beides mit diesem Code:

```
falls <wird Farbe [ ] berührt?> , dann
    setze [VTempo ▾] auf ((-0.8) * (VTempo))
```

- falls wird Farbe berührt?, dann: **Wenn die Kugel den Boden trifft:**
- setze VTempo auf -0.8 * VTempo: Setze **VTempo = -0.8 mal VTempo.** Durch Multiplizieren mit -0.8 ändern wir eine negative Zahl (fürs Fallen) in eine positive (Abprallen und nach oben steigen) und verkleinern sie ein wenig.

Keine Bange, wenn du diesen Code noch nicht ganz verstehst. Programmiere die nächsten Spiele und experimentiere mit Zahlen, um zu sehen, was passiert. Du kriegst das schon schnell heraus!

SPRINGENDE PINGUINE

Der Pinguin soll bei diesem Spiel auf den Eisberg springen und nicht ins Wasser fallen. Der Spieler legt fest, wie schnell und in welche Richtung er springt, indem er den Pfeil dreht und mit der Maus klickt. Zum Bewegen des Pinguins müssen wir etwas rechnen. Also definieren wir über Funktionen, wie der Pinguin startet und springt. So ist der Code einfacher zu lesen und leichter anzupassen.

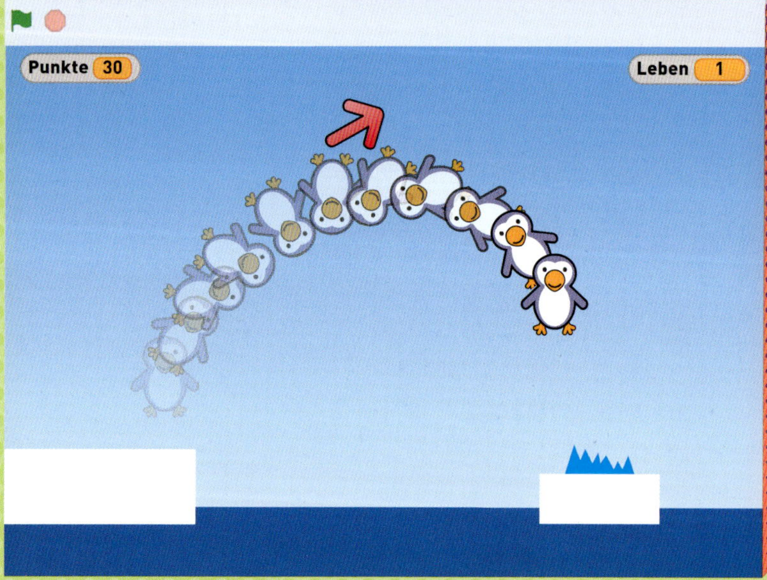

Springende Pinguine: Planung

- Eisberg zufällig positionieren.
- Auf Spieler warten, damit er dem Pinguin Sprungrichtung und Tempo gibt.
- Horizontales und vertikales Start-Tempo für den Pinguin festlegen.
- Hauptschleife: bis Pinguin auf Eisberg oder Meer/Rand trifft:
  - Bewege Pinguin.
  - Drehe Pinguin.
  - Ändere Tempo.
- Landet Pinguin auf Eisberg, erhöhe Punkte.
- Landet Pinguin daneben, ziehe ein Leben ab.
- Wenn Leben größer als 0, noch einmal starten.

Springen

Wir steuern Tempo und Richtung des Pinguins mit zwei Variablen: **HTempo** (horizontales Tempo) und **VTempo** (vertikales Tempo).

Wenn der Pinguin in einem steilen Winkel steigen soll, dann muss der VTempo-Wert deutlich höher sein als HTempo. Beispiel:

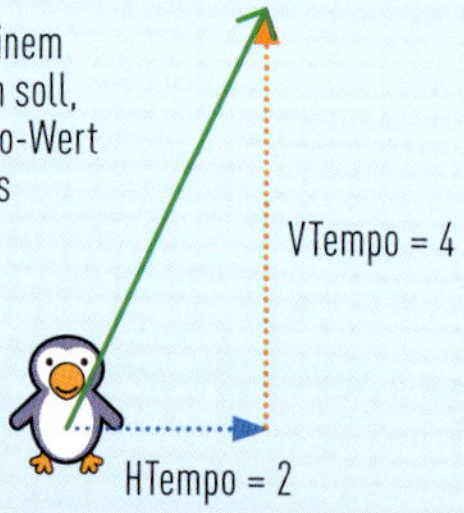

Wenn der Pinguin sanfter steigen soll, dann muss der VTempo-Wert viel kleiner sein als HTempo. Zum Beispiel so:

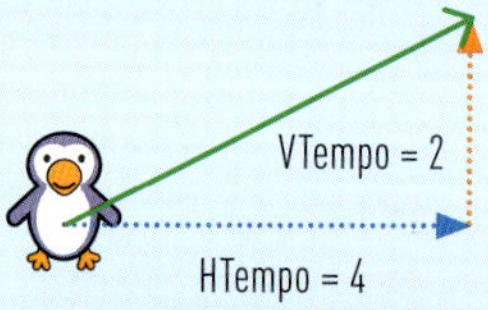

Dieser Code bewegt den Pinguin in jeder Schleife:

```
ändere x um HTempo
ändere y um VTempo
```

Wir müssen für jeden Sprung die Werte für **HTempo** und **VTempo** herausfinden. Sie hängen davon ab, wohin der Spieler mit der Maus klickt. Also vergleichen wir, wohin er geklickt hat, mit der Position des Pinguins. Zuerst berechnen wir den horizontalen (**HAbstand**) und den vertikalen (**VAbstand**) Abstand.

Diese Werte sind zu groß, um sie fürs Tempo zu nehmen. Also teilen wir durch 25 (du kannst auch eine andere Zahl nehmen). Denke daran, dass / für Dividieren steht. Also:

VTempo = VAbstand/25 **HTempo = HAbstand/25**

Dieser Code legt die Startwerte für **HTempo und VTempo** fest:

```
setze HAbstand ▾ auf (Maus x-Position) - (x-Position)
setze VAbstand ▾ auf (Maus y-Position) - (y-Position)
setze HTempo ▾ auf (HAbstand) / (25)
setze VTempo ▾ auf (VAbstand) / (25)
```

1

Für den Hintergrund klickst du im Figuren-Bereich auf die **Bühne**.

Klicke auf den Reiter **Bühnenbild** wählen und dann auf **In Rastergrafik umwandeln**.

Wähle das **Farbeimer**-Werkzeug und dann fülle den Hintergrund mit Blau für den Himmel.

Klicke aufs **Rechteck**-Werkzeug. Ziehe einen blauen Rahmen für das Meer und einen weißen für das Land auf.

2

Lösche die Katzen-Figur. Nimm aus der Figurenbibliothek **Penguin2**. Klicke auf den Reiter **Skripte**.

Erstelle diese 6 Variablen: **Punkte**, **Leben**, **VTempo**, **HTempo**, **VAbstand** und **HAbstand**.

Nun erstellen wir die erste Funktion und nennen sie **BewegePinguinZumStart**. Gib dem Pinguin folgenden Code:

Man soll nur die Variablen „Punkte" und „Leben" sehen. Nach Erstellen der Variablen entferne das Häkchen bei den anderen:

- [ ] HAbstand
- [ ] HTempo
- [x] Leben
- [x] Punkte
- [ ] VAbstand
- [ ] VTempo

```
Definiere BewegePinguinZumStart
falls <(Leben) > (0)>, dann
    setze Richtung auf (90 ▾)
    setze HTempo ▾ auf (0)
    setze VTempo ▾ auf (0)
    setze Größe auf (50) %
    gehe zu x: (-192) y: (-47)
    sende Bereit ▾
sonst
    sage (Game Over!)
```

Der folgende Code definiert den Block „**BewegePinguinZumStart**". Dieser wird immer „aufgerufen", sobald der Pinguin an seine Startposition gehen soll.

Wenn der Spieler mehr als 0 Leben hat:

Drehe nach rechts.

Setze HTempo auf 0.

Setze VTempo auf 0.

Verkleinere den Ball auf 50%.

Stelle ihn auf das Land.

Lass die Pfeil-Figur wissen, dass der Pinguin sprungbereit ist.

Oder sonst (wenn der Spieler keine Leben mehr hat):

Zeige „Game Over!".

Auf Seite 66 erfährst du mehr über Koordinaten.

3

Nun erstellen wir die zweite Funktion **BewegePinguin**, die definiert, wie der Pinguin springt. Gib ihm folgenden Code:

```
definiere BewegePinguin
ändere x um (HTempo)
ändere y um (VTempo)
ändere [VTempo ▾] um (-0.2)
setze [HTempo ▾] auf ((HTempo) * (0.99))
drehe dich um ↻ (15) Grad
```

- `definiere BewegePinguin`: Der folgende Code definiert den Block **BewegePinguin**. Mit dieser Funktion wird der Pinguin immer ein wenig bewegt, wenn die Hauptschleife läuft.
- `ändere x um (HTempo)`: Ändere die x-Position des Pinguins um den Wert in der **Variable HTempo**.
- `ändere y um (VTempo)`: Ändere die y-Position des Pinguins um den Wert der **Variable VTempo**.
- `ändere [VTempo ▾] um (-0.2)`: VTempo braucht größere Negativwerte, damit er sich schneller nach unten bewegt.
- `setze [HTempo ▾] auf ((HTempo) * (0.99))`: Mache HTempo in kleinen Schritten kleiner.
- `drehe dich um ↻ (15) Grad`: Drehe den Pinguin um 15 Grad.

4

Halte für die Eisberg-Figur die Maus über **Figur wählen**. Bewege die Maus zum Pinsel-Symbol, klicke darauf und dann auf **In Rastergrafik umwandeln**.

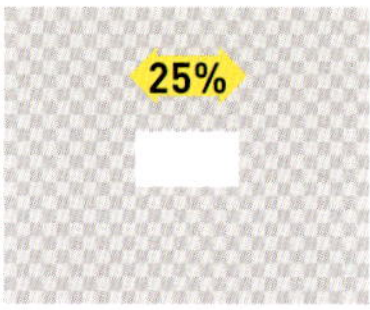

Zeichne ein weißes Rechteck, das den Malbereich zu einem Viertel ausfüllt.

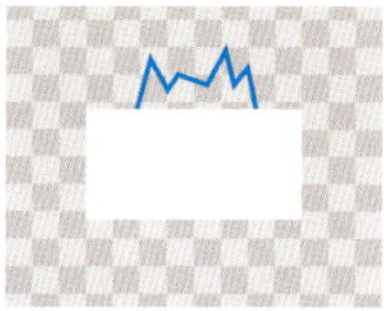

Male blaues Eis in einer anderen Farbe als der Hintergrund.

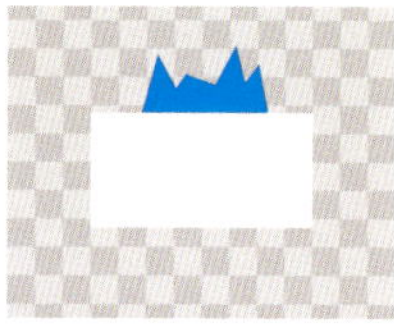

Fülle es aus. In Schritt 8 testen wir, ob der Pinguin darauf gelandet ist.

5

Gib der Figur einen Namen Klicke auf Figur1 in der Figur-Info-Box und gib dann **Eisberg** ein.

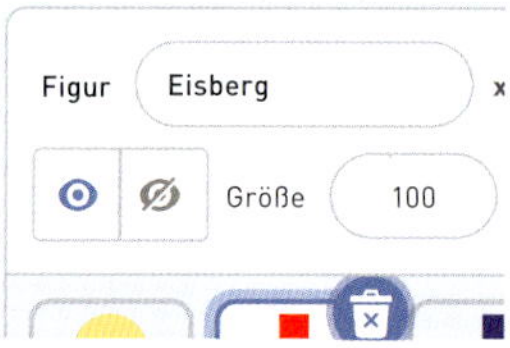

6

Nimm aus der Bibliothek die Figur **Arrow1**. Klicke auf **Skripte** und füge den folgenden Code hinzu:

```
wenn ⚑ angeklickt
wiederhole fortlaufend
    gehe zu [Mauszeiger ▾]
    drehe dich zu [Penguin2 ▾]
    drehe dich um ↺ (180) Grad
end
```

- `wenn ⚑ angeklickt`: Beim Klick auf die grüne **Flagge** startet der Code.
- `wiederhole fortlaufend`: **Starte diesen Code in fortlaufender Schleife:**
  - `gehe zu [Mauszeiger ▾]`: Bewege den Pfeil dorthin, wo der Mauszeiger ist.
  - `drehe dich zu [Penguin2 ▾]`: Lass den Pfeil in Richtung Pinguin (falsche Richtung) zeigen.
  - `drehe dich um ↺ (180) Grad`: Drehe um 180 Grad, um die Sprungrichtung für den Pinguin anzuzeigen.

```
wenn ich [Bereit ▾] empfange
zeige dich
```

- `wenn ich [Bereit ▾] empfange`: Wenn der Pfeil die Nachricht „Bereit" hört, starte diesen Code.
- `zeige dich`: Mache den Pfeil sichtbar.

```
wenn ich angeklickt werde
verstecke dich
sende [Springen ▾]
```

- `wenn ich angeklickt werde`: Wenn der Pfeil angeklickt wird, starte diesen Code.
- `verstecke dich`: Mach den Pfeil unsichtbar (wir kennen die Richtung, in die der Pinguin springen wird).
- `sende [Springen ▾]`: Sende „Springen" an die anderen Figuren. Wenn der Pinguin dies hört, springt er.

7 Der **Eisberg** bekommt diesen Code:

wenn ich [Bereit ▾] empfange	Wenn der Eisberg die Nachricht „Bereit“ hört, starte diesen Code.
setze x auf (Zufallszahl (20) bis (200))	Bewege den Eisberg an eine zufällige horizontale Position.
setze y auf (-110)	Positioniere ihn auf dem Meer.

8 Klicke auf das **Penguin2**-Symbol im Figuren-Bereich und füge diesen Code hinzu:

wenn ⚑ angeklickt	Beim Klick auf die grüne **Flagge** startet der Code.
setze [Punkte ▾] auf [0]	Setze zu Spielbeginn den Punktestand auf 0.
setze [Leben ▾] auf [3]	Setze zu Spielbeginn die Zahl der Leben auf 3.
BewegePinguinZumStart	Rufe den Codeblock **BewegePinguinZumStart** auf, um den in Schritt 2 erstellten Code auszuführen.

wenn ich [Springen ▾] empfange	Starte diesen Code, wenn der Pinguin die Nachricht „Springen“ vom Pfeil hört.
setze [HAbstand ▾] auf ((Maus x-Position) - (x-Position))	Berechne den horizontalen Abstand zwischen Maus und Pinguin.
setze [VAbstand ▾] auf ((Maus y-Position) - (y-Position))	Berechne den vertikalen Abstand zwischen Maus und Pinguin.
setze [HTempo ▾] auf ((HAbstand) / (25))	Lege fest, dass das horizontale Starttempo HAbstand, geteilt durch 25, ist.
setze [VTempo ▾] auf ((VAbstand) / (25))	Lege fest, dass das vertikale Starttempo VAbstand, geteilt durch 25, ist.
wiederhole bis ⟨⟨wird [Rand ▾] berührt?⟩ oder ⟨wird Farbe [ ] berührt?⟩⟩	**Wiederhole die Schleife, bis der Pinguin den Rand oder den Eisberg berührt (klicke auf das Eis, um die Farbe festzulegen):**
BewegePinguin	Starte den BewegePinguin-**C**odeblock, den wir in Schritt 3 definiert haben.
falls ⟨wird Farbe [ ] berührt?⟩, dann	**Wenn der Pinguin das Eis auf dem Berg berührt:**
setze Richtung auf (90 ▾)	Stoppe Drehung und drehe Pinguin aufrecht.
setze x auf ([x-Position ▾] von [Eisberg ▾])	Bewege den Pinguin in die Mitte des Eisbergs.
ändere [Punkte ▾] um (10)	Erhöhe den Punktestand um 10.
spiele Klang [dance chill out ▾]	Spiele eine Musik.
sage [Hurra!!!] für (2) Sek.	Zeige „Hurra!!!“ in einer Sprechblase.
BewegePinguinZumStart	Starte den **BewegePinguinZumStart**-Code.
stoppe [dieses Skript ▾]	Stoppe den ganzen Code für den Pinguin.
falls ⟨wird [Rand ▾] berührt?⟩, dann	**Wenn der Pinguin den Bühnenrand berührt:**
ändere [Leben ▾] um (-1)	Verringere die Anzahl der Leben um 1.
spiele Klang [plunge ▾]	Spiele einen Klang.
sage [Daneben] für (2) Sek.	Zeige „Daneben“ in einer Sprechblase.
BewegePinguinZumStart	Starte den Codeblock **BewegePinguinZumStart**.
stoppe [dieses Skript ▾]	Stoppe den ganzen Code für den Pinguin.

⚑ **Teste nun den Code.**

EINSTÜRZENDE TÜRME

Bei unserem letzten Spiel soll der Spieler einen Turm aus Blöcken einstürzen lassen. Er schießt dazu Bälle mit einem Katapult ab. Der Code für die Ballbewegung gleicht dem in *Springende Pinguine* (S. 68) und arbeitet mit horizontalem/vertikalem Tempo. Die Blöcke werden geklont und haben eine einfache Physik-Engine, damit sie herabfallen, bis sie einen anderen Block oder den Boden berühren.

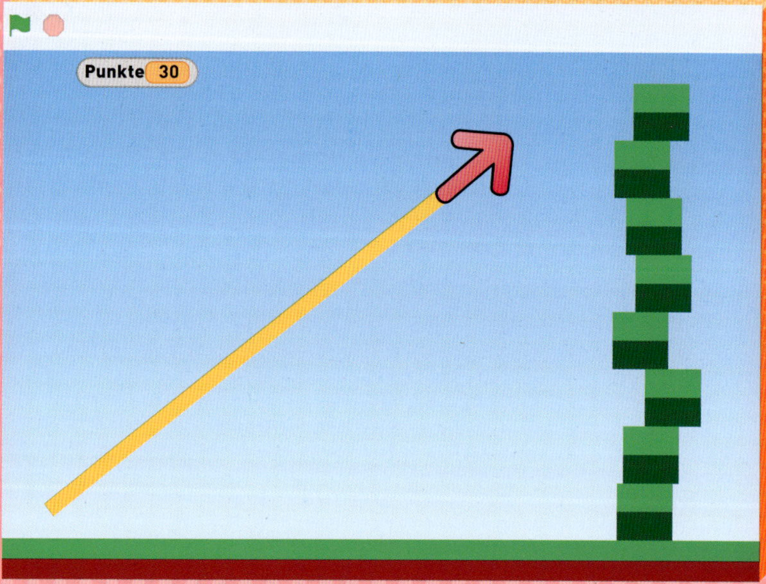

Einstürzende Türme: Planung

- Erstelle Turm.
- Male Katapult mit breiter orangefarbener Linie vom Ball zur Maus. Lösche sie und male die Linie neu, wenn die Maus sich bewegt.
- Warte, bis Spieler Ball per Katapult abfeuert.
- Start-Tempo (horizontal, vertikal) für Ball festlegen.
- Hauptschleife: bis der Ball aufhört sich zu bewegen (oder sehr langsam ist):
  – Bewege Ball.
  – Ändere Tempo.
- Wenn Ball Block trifft, soll dieser verschwinden. Punkte erhalten.
- Mach weiter, bis keine Blöcke mehr da sind.

Wir brauchen 8 Variablen. Der Spieler soll nur **Punkte** sehen. Nach Erstellen der Variablen entferne das Häkchen bei den anderen:

Den Ball bewegen und springen lassen

Wir bewegen den Ball mit einem Code wie beim Pinguin im vorigen Spiel. Lies dazu die Seiten 68-69.

Doch anders als der Pinguin kann der Ball abprallen! Auf Seite 67 erfährst du, wie Abprallen mit **VTempo** und **HTempo** umgesetzt wird.

Berührt der Ball den Rand, soll er stoppen und für den nächsten Schuss vorbereitet werden. Wir steuern per Stoppuhr, dass der Ball nicht lange herumrollt, sondern nach 5 Sekunden zurückgegeben wird.

Fallende Blöcke

In der Variable **Falltempo** speichern wir, wie schnell jeder Block fällt. Achte beim Erstellen darauf, dass **Nur für diese Figur** aktiviert ist, damit jeder Block sein eigenes Tempo bekommt.

Lass die Blöcke nach unten fallen, bis sie die grüne Farbe berühren.

1 Für den Hintergrund klickst du im **Figuren**-Bereich auf **Bühne**.

Klicke auf **Bühnenbild wählen** und auf **In Rastergrafik umwandeln**. Wähle das **Fülleimer**-Werkzeug und fülle den Hintergrund als Himmel blau.

Wähle das **Rechteck**-Werkzeug. Erstelle mit dem zweitdunkelsten Grün einen breiten, dünnen grünen Block Male einen braunen Block als Boden

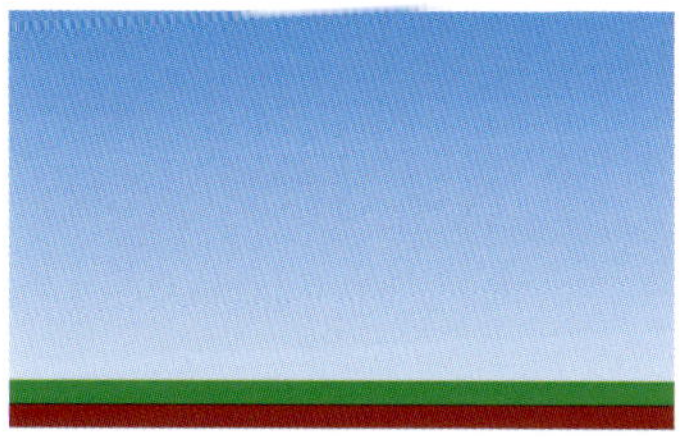

2 Lösche die Katzen-Figur. Nimm aus der Bibliothek die Figur **Ball**. Klicke auf den Reiter **Skripte**.

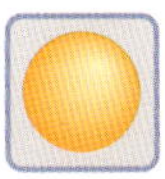

Nun definieren wir die erste Funktion. Sie heißt **BewegeBallZumStart**. Auf Seite 66 erfährst du mehr über Funktionen.

```
definiere BewegeBallZumStart
gehe zu x (-210) y: (-110)
setze Größe auf (50) %
setze [HTempo ▾] auf [0]
setze [VTempo ▾] auf [0]
sende [Bereit ▾] an alle
```

- Der folgende Code definiert den Block **BewegeBallZumStart**. Dieser Block wird immer aufgerufen, also gestartet, sobald der Ball an seine Startposition gehen soll.
- Bewege den Ball unten links auf die Bühne.
- Verkleinere ihn auf 50%.
- Setze HTempo (das horizontale Tempo) auf 0.
- Setze VTempo (das vertikale Tempo) auf 0.
- Sende „Bereit" an die anderen Figuren.

3

Nun erstellen wir die zweite Funktion **BewegeBall**.

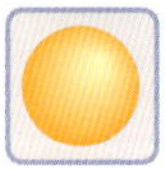

Der Ball bekommt diesen Code:

```
definiere BewegeBall
ändere x um (HTempo)
ändere y um (VTempo)
ändere [VTempo ▾] um (-0.2)
setze [HTempo ▾] auf ((0.99) * (HTempo))
falls <wird Farbe [ ] berührt?>, dann
    setze [VTempo ▾] auf ((-0.8) * (VTempo))
```

- Der folgende Code definiert den Block **BewegeBall**. Mit dieser Funktion wird der Ball immer ein wenig bewegt, wenn die Hauptschleife läuft.
- Ändere die x-Position des Balls um den Wert in der **Variable HTempo**.
- Ändere die y-Position des Balls um den Wert in der **Variable VTempo**.
- VTempo braucht größere Negativwerte, damit der Ball sich schneller nach unten bewegt.
- Verringere HTempo in kleineren Schritten.
- **Wenn der Ball Grün berührt (dies auf die Farbe des Grases setzen):**
  - Lass den Ball springen. Wir multiplizieren VTempo mit -0.8, damit der Ball sich langsamer und in die entgegengesetzte Richtung bewegt.

4

Halte die Maus über **Figur wählen**. Bewege die Maus zum Pinsel-Symbol und klicke dann auf **In Rastergrafik umwandeln**.

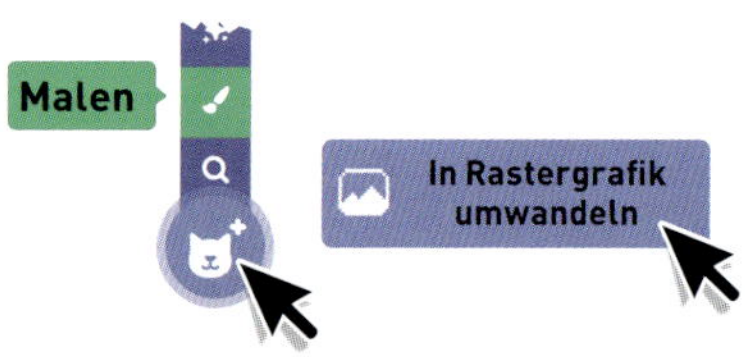

Zeichne mit dem **Rechteck**-Werkzeug ein großes grünes Rechteck im oberen Bereich. Es soll ²/₃ der Breite des Malbereichs ausfüllen. Nimm die gleiche Farbe wie fürs Gras.

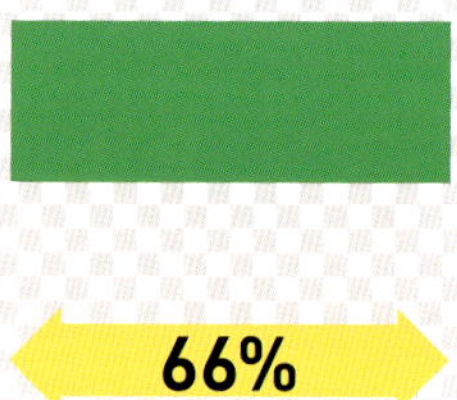

Male ein dunkelgrüneres Rechteck unter das vorige.

5 Wir erstellen nun die dritte Funktion, die **ErstelleTurm** heißt. Der Block bekommt diesen Code:

definiere ErstelleTurm	Der folgende Code definiert den Block **ErstelleTurm**. Damit wird der Blockstapel erstellt.
setze Blockzahl auf 0	Setze Blockzahl auf 0. (Blockzahl zählt die Blöcke bei Erstellung und hilft, sie zu positionieren.)
wiederhole 10 mal	**Wiederhole dies zehn Mal:**
erzeuge Klon von mir selbst	Erstelle einen Klon des ursprünglichen Blocks.
ändere Blockzahl um 1	Erhöhe den Wert von Blockzahl um 1.
verstecke dich	Verstecke den ursprünglichen Block.

Dann füge diesen beiden Codegruppen ein:

wenn [grüne Flagge] angeklickt	Beim Klick auf die grüne **Flagge** startet der Code.
setze Größe auf 10 %	Verkleinere den ursprünglichen Ziegel auf 10 %.
zeige dich	Mache den ursprünglichen Block sichtbar.
ErstelleTurm	Rufe die Funktion **ErstelleTurm** auf, um alle Blöcke zu erstellen.

Wenn ich als Klon entstehe	Starte diesen Code, sobald ein Block-Klon erstellt wird.
setze Falltempo auf 0	Setze Falltempo auf 0.
gehe zu x: Zufallszahl von 180 bis 200 y: -154 + Blockzahl * 35	Gib dem Block eine zufällige x-Position, aber lass die y-Werte durch Blockzahl steigen.
wiederhole bis Blockzahl = 0	**Wiederhole Schleife, bis es keine Blöcke mehr gibt:**
falls wird Ball berührt?, dann	**Wenn der Ball den Block trifft:**
verstecke dich	Verstecke den Block.
ändere Punkte um Schuss	Erhöhe die Punkte und gewähre einen Bonus für frühe Treffer.
ändere Blockzahl um -1	Verringere die Zahl der verbleibenden Blöcke.
spiele Klang pop	Spiele einen Klang.
setze HTempo auf -0.8 * HTempo	Lass den Ball abprallen.
falls nicht wird Farbe [grün] berührt?, dann	**Falls der Ball nichts Grünes berührt hat (lege die Farbe durch Klick aufs Gras fest):**
ändere Falltempo um -0.02	Erhöhe den Wert für **Falltempo** ein wenig.
ändere y um Falltempo	Bewege den Ball um den Wert von **Falltempo** nach unten. Sobald Falltempo größere negative Werte bekommt, wird der Ball auf natürliche Weise fallen und sich nach der Schwerkraft richten.
sende Spiel abgeschlossen an alle	Wenn es keine Bälle mehr gibt, sende „Spiel abgeschlossen" an die anderen Figuren.

6

Nimm aus der Bibliothek die Figur **Arrow1** und gib ihr diesen Code:

wenn [grüne Flagge] angeklickt	Beim Klick auf die **grüne Flagge** startet der Code.
setze Stiftfarbe auf [orange]	Male das Katapult in Orange (klicke auf den Block, um die Farbe einzustellen).
setze Stiftdicke auf (15)	Nimm eine breite Linie.
zeige dich	Mache den Pfeil sichtbar.
wiederhole fortlaufend	**Wiederhole fortlaufend:**
lösche alles	Lösche das vorige Katapult.
gehe zu x: (x-Position von Ball) y: (y-Position von Ball)	Bewege zum Ball.
gehe zu (Mauszeiger)	Male eine Linie zur Maus (dem Katapult).
drehe dich zu (Ball)	Zeige zum Ball.
drehe dich um ↻ (180) Grad	Drehe dann herum, um die Flugrichtung anzuzeigen.

Wenn ich angeklickt werde	Wird der Pfeil angeklickt:
sende (Feuer) an alle	Sage das allen Figuren.
verstecke dich	Verstecke den Pfeil.
schalte Stift aus	Stoppe das Malen des Katapults.

wenn ich (Bereit) empfange	Wenn der Ball stoppt und für den nächsten Schuss bereit ist:
zeige dich	Mache den Pfeil sichtbar.
schalte Stift ein	Bereit, das Katapult zu malen.

EXPERIMENTE

- Ändere den Wert, um den VTempo in der Funktion BewegeBall geändert wird (siehe Schritt 3). Probiere etwas größere oder kleinere Zahlen wie -0.1, -0.5, -1 oder 0 aus. Was geschieht?

```
ändere (VTempo) um (-0.2)
```

- Ändere im Code, der den Ball abfeuert (siehe Schritt 7), die 30 auf Werte wie 20, 40 oder 50. Wie wirkt sich das auf die Flugbahn des Balls aus?

```
setze (HTempo) auf ((HAbstand) / (30))
setze (VTempo) auf ((VAbstand) / (30))
```

7 Füge schließlich dem Ball diesen Code hinzu:

```
wenn [grüne Flagge] angeklickt
setze [Punkte ▾] auf (0)
setze [Schuss ▾] auf (20)
BewegeBallZumStart
```

- Beim Klick auf die grüne **Flagge** startet der Code.
- Setze zu Spielbeginn den Punktestand auf 0.
- Setze die Schusszahl auf 20.
- Rufe die Funktion **BewegeBallZumStart** auf, die wir in Schritt 2 erstellt haben.

```
wenn ich [Feuer ▾] empfange
setze Stoppuhr zurück
ändere [Schuss ▾] um (-1)
setze [HAbstand ▾] auf ((Maus x-Position) - (x-Position))
setze [VAbstand ▾] auf ((Maus y-Position) - (y-Position))
setze [HTempo ▾] auf ((HAbstand) / (30))
setze [VTempo ▾] auf ((VAbstand) / (30))
wiederhole bis <<(Stoppuhr) > (5)> oder <wird [Rand ▾] berührt?>>
    BewegeBall
end
BewegeBallZumStart
```

- Mit der Maus wurde geklickt, also starte diesen Code:
- Starte das Zeitnehmen, wie lange der Ball sich bewegt.
- Reduziere die Schusszahl.
- Berechne den horizontalen Abstand zwischen Maus und Ball.
- Berechne den vertikalen Abstand zwischen Maus und Ball.
- Lege fest, dass das horizontale Starttempo **HAbstand**, geteilt durch 30, ist.
- Lege fest, dass das vertikale Starttempo VAbstand, geteilt durch 30, ist.
- **Wiederhole Schleife, bis der Ball den Rand trifft oder 5 Sekunden vergangen sind:**
- Rufe die Funktion **BewegeBall** auf, die wir in Schritt 3 erstellt haben.
- Der Ball hat den Rand berührt oder sich mehr als 5 Sekunden bewegt, also rufe die Funktion **BewegeBallZumStart** auf.

```
wenn ich [Spiel abgeschlossen ▾] empfange
sage (verbinde [Deine Punkte: ] (Punkte))
```

- Das Spiel ist komplett, also starte diesen Code:
- Zeige „Deine Punkte:" und dann die Punktzahl.

ZUSATZAUFGABEN

- Mit der Variable **Schuss** können wir einen Bonus geben, wenn die Blöcke schnell abgeschossen wurden. Füge Code ein, damit das Spiel stoppt, wenn es keinen Schuss mehr gibt.
- Ergänze Spielanweisungen, die zu Spielbeginn erscheinen.
- Baue Klangeffekte ein.
- Füge noch mehr Blöcke ins Spiel ein. Damit sie auf den Bildschirm passen, musst du vielleicht die Zufallswerte für die x-Position der Blöcke ändern.
- Erstelle deine eigene Version eines Spiels mit springenden Tieren oder einstürzenden Türmen. Nutze dazu Funktionen, um Teile des Codes zu starten.

EIGENE SPIELE

Will man ein Spiel erstellen, muss man genau wie beim Schreiben einer Geschichte planen. Planen kannst du im Kopf, beim Aufschreiben und beim Programmieren. Doch egal wie du es angehst, beziehe diese Überlegungen mit ein ...

Umgebung

Wo soll dein Spiel angesiedelt sein? Ist der Hintergrund nur ein Bild oder soll er aktiv im Spiel genutzt werden?

Schaue auf S. 15, Schritt 5, oder S. 24 nach, wie du einen Hintergrund malst. Auf Seite 54 findest du in Schritt 1, wie du einen Hintergrund aus der Bibliothek holst.

Du kannst eine Figur mit einer „wiederhole ... bis"-Schleife solange bewegen, bis sie eine bestimmte Farbe berührt. Bei *Kurvenfahrt* auf Seite 18–21 wird das benutzt. *Snake* (Seite 44–45) nutzt eine leistungsfähigere Methode.

```
wiederhole bis <wird Farbe [ ] berührt?>
    gehe (3) er-Schritt
```

SPIELER

Wer oder was soll der Spieler sein? Tier, Mensch, Roboter oder Fahrzeug?

ZIEL DES SPIELS

Welches Ziel soll dein Spiel haben? Viele Objekte einsammeln? So lange wie möglich den Gegnern ausweichen? Zu einer bestimmten Stelle gelangen? Etwas so schnell wie möglich tun? Möglichst viele Punkte in einer bestimmten Zeit bekommen?

In *Fang den Donut* (S. 30–31) findest du ein Beispiel für ein Sammelspiel. Bei *Katz und Maus* auf Seite 52–53 muss deine Figur den Gegnern ausweichen. Bei *Heil über die Straße* auf Seite 24–25 musst du an einen bestimmten Platz kommen. In Schritt 5 auf S. 23 erfährst du, wie du ein Zeitlimit in ein Spiel einbaust.

BEWEGUNG

Wie bewegt sich der Spieler? Durch die Bewegung der Maus? Durch Drücken von Tasten für hoch, runter, links und rechts? Durch Steuern nach links und rechts wie bei einem Auto?

Der Maus folgen:

```
wiederhole fortlaufend
    drehe dich zu [Mauszeiger ▼]
    gehe (4) er-Schritt
```

Gib deiner Figur diesen Code, damit sie der Maus folgt. Die Zahl im Block „gehe Schritte" steuert, wie schnell sich die Figur bewegt.

Eine Taste drücken:

```
wenn Taste [Pfeil nach rechts ▼] gedrückt
setze Richtung auf (90 ▼)
gehe (10) er-Schritt
```

Wähle eine Taste aus dem Ausklappmenü im Block „Wenn Taste ... gedrückt". Wähle die Richtung, in die sich bewegt werden soll, über das Ausklappmenü des Blocks „setze Richtung auf".

Steuern und drehen:

```
falls <Taste [Pfeil nach links ▼] gedrückt?>, dann
    drehe dich um ↺ (5) Grad
```

Gib deiner Figur diesen Code, damit sie sich dreht. Wähle, welche Taste gedrückt und wie weit (oder schnell) gedreht werden soll. Du musst auch noch an anderer Stelle Code einbauen, damit sich die Figur vorwärts bewegt.

VARIABLEN, PUNKTE

Punkte 30 | Leben 1

Wofür nimmst du Variablen? Um den Punktestand zu berechnen? Um das Tempo von etwas zu ändern? Wirst du einen maximalen Punktestand festlegen, um für das Spiel ein Zeitlimit einzubauen?

Wie du Variablen erstellst, findest du auf Seite 26.

Daten

Um zu Beginn die Punkte zurückzusetzen:

```
setze [Punkte ▾] auf (0)
```

Um die Punktzahl zu erhöhen:

```
ändere [Punkte ▾] um (1)
```

Schau dir ein einfaches Beispiel mit einer Punkte-Variablen an: *Hundeknochen* (Seite 28–29). Etwas komplizierter ist *Flinker Fisch* (Seite 38–39), bei dem das Tempo über eine Variable geändert wird. Willst du wissen, wie man mit Variablen Sprünge simuliert, schau auf Seite 67 nach.

KLANGEFFEKTE, ANIMATIONEN

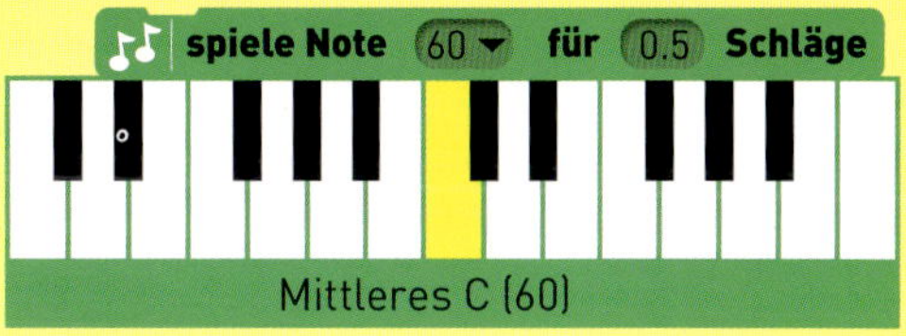

Wirst du Klangeffekte einsetzen? Nimmst du dazu eine Klangdatei, die abgespielt wird, wenn etwas passiert, oder ist es eine Melodie zu Spielbeginn? Änderst du die Tonhöhe über Variablen, wenn Tempo oder Punktestand zunehmen?

Um bei Tastendruck einen Klang zu spielen:

```
wenn Taste [Leertaste ▾] gedrückt
spiele Klang [boing ▾]
```

Um beim Zusammenprall zweier Figuren einen Klang zu spielen:

```
falls <wird [Cat2 ▾] berührt?>, dann
  spiele Klang [meow2 ▾] ganz
```

Um eine kleine Melodie zu spielen:

```
setze Instrument auf (18 ▾)
spiele Note (60 ▾) für (0.5) Schläge
spiele Note (64 ▾) für (0.5) Schläge
spiele Note (67 ▾) für (0.5) Schläge
spiele Note (72 ▾) für (0.5) Schläge
```

Animationen erwecken deine Spiele zum Leben. Sorge dafür, dass deine Figuren sich bewegen, z.B. mit drehenden Rädern oder schlagenden Flügeln.

Suchst du Figuren in der Bibliothek, die bereits Animationen besitzen, nimm solche, die mehr als ein Kostüm haben (siehe *Hundeknochen* auf Seite 28–29).

Wie du selbst eine animierte Figur malst, liest du auf Seite 27. Auf Seite 40–41 findest du auch einen Tipp, wie du Figuren der Bibliothek animierst (Schritte 3–4).

ZUM SCHLUSS: TESTEN, IMMER TESTEN

Versuche nicht, das ganze Spiel auf einen Rutsch zu programmieren. Baue kurze Programme zusammen, um verschiedene Teile zu testen. Erstelle z.B. Code, durch den sich der Spieler bewegt. Experimentiere damit, bevor du andere Spielteile ergänzt.

Sobald du mit den Grundlagen zufrieden bist, baust du Details wie Animationen ein oder passt das Punktesystem an.

Bitte Freunde, dein Spiel auszuprobieren. Ist eine Anleitung erforderlich? Ist es zu schwer oder zu einfach? Experimentiere weiter und fange auch ruhig noch mal ganz von vorn an.

GLOSSAR

Animation – Eine Serie Bilder, die nacheinander gezeigt werden, um die Illusion von Bewegung zu bewirken (z. B. eine gehende Figur).

Befehl – Ein Wort oder Codeblock mit Anweisungen an den Computer.

Bühne – Bereich oben links im Scratch-Fenster, wo sich deine Figuren bewegen.

Code – Eine Serie von Anweisungen oder Befehlen.

Daten-Gruppe – Codeblöcke in Scratch, die Variablen steuern und beeinflussen. Duplizieren – Einfacher Weg, um eine Scratch-Figur zu kopieren.

Eingabe – Aktion (z. B. Tastendruck), die ein Programm anweist, etwas zu tun.

Ereignisse-Gruppe – Diese Codeblöcke werden bei Scratch durch bestimmte Ereignisse ausgelöst, z. B. durch Tastendruck.

Falls ... dann – Auswahlform beim Programmieren, bei denen Befehle gestartet werden, falls etwas zutrifft.

Figur – Ein Objekt, das sich auf dem Bildschirm bewegt.

Figuren-Bereich – Der Teil unten links im Scratch-Fenster, in dem du eine Figur wählst, um ihr Code zu geben oder ihr Aussehen zu ändern.

Fühlen-Gruppe – Die Codeblöcke von Scratch, die erkennen, ob bestimmte Tasten gedrückt werden oder wo die Maus ist.

Funktion – Folge von Codeblöcken, die nach Start oder „Aufruf" der Funktion gemeinsam etwas erledigen, z. B. Figuren auf bestimmte Weise bewegen.

Grad – Einheit für den Winkel, um den sich ein Objekt dreht.

Klon – Eine oder mehrere Kopien von Figuren. Durch Klonen werden schnell mehrere Objekte erstellt.

Koordinaten – Die Position eines Objekts wird durch seine Werte für x (Mitte nach rechts) und y (Mitte nach oben) bestimmt.

Operatoren-Gruppe – Diese Codeblöcke berechnen und vergleichen Werte in Scratch.

Physik-Engine – Befehlsgruppe zum Simulieren eines realen Objekts, z. B. ein springender Ball.

Programm – Befehlsgruppe, die einem Computer sagt, wie etwas zu tun ist, z. B. ein Spiel gespielt wird.

Schleife – Folge von Codeblöcken, die mehrfach wiederholt werden.

Scratch – Eine Computersprache, die Programme durch Codeblöcke erstellt.

Skript-Bereich –Die Mitte des Scratch-Bildschirms, auf den die Codeblöcke gezogen werden, damit so Programme erstellt werden.

Sprache – System von Befehlen (in Form von Blöcken, Wörtern oder Zahlen), um Computern Anweisungen zu geben.

Tempo – Wie schnell sich ein Objekt vorwärts bewegt. Bei Scratch bewirken negative Tempowerte eine Rückwärtsbewegung.

Variable – Wert oder Information, die durch ein Programm gespeichert wird. Bei Spielen ist der Punktestand meist in einer Variable gespeichert

Zeichenfläche – Der Teil im Scratch-Fenster rechts, in dem Figuren und Hintergründe gemalt werden.

INDEX